Okon/Sabo

Geschäfts- und Leistungsprozesse II

Geschäfts- und Leistungsprozesse II

von

Waltraud Okon (†)

Geprüfte Rechtsfachwirtin, München

und

Marion Sabo

Geprüfte Rechtsfachwirtin, München

3., neu bearbeitete Auflage

C.F. Müller

Bibliografische Information der Deutschen Nationalbibliothek
Die Deutsche Nationalbibliothek verzeichnet diese Publikation
in der Deutschen Nationalbibliografie;
detaillierte bibliografische Daten sind im Internet
über <http://dnb.d-nb.de> abrufbar.

ISBN 978-3-8114-0739-8

E-Mail: kundenservice@cfmueller.de

Telefon: +49 6221 1859 599
Telefax: +49 6221 1859 598

www.cfmueller.de

© 2022 C.F. Müller GmbH, Waldhofer Straße 100, 69123 Heidelberg

Satz: Typoscript GmbH, München
Druck: CPI books, Leck

Vorwort der Herausgeberinnen
mit Prüfungshinweisen

Die neue ReNoPat-AusbV ist zum 01.08.2015 in Kraft getreten und parallel dazu ein neuer Rahmenlehrplan für den Unterricht an den Berufsschulen. Die Anforderungen an die Qualifikation der Auszubildenden haben sich in den letzten Jahren stark verändert, und in der beruflichen Bildung spielt neben der Vermittlung von Fachwissen auch die Vermittlung von Handlungskompetenzen eine sehr wichtige Rolle. Dieser Entwicklung wurde durch die Novellierung der Ausbildungsverordnung und der Gestaltung des neuen Rahmenlehrplans Rechnung getragen.

Die Prüfungsbuchreihe des C.F. Müller Verlages soll sowohl Hilfestellung und Hinweise für Auszubildende und Prüflinge als auch Mitglieder von Prüfungsausschüssen geben. Es handelt sich dabei – auf Grundlage der gesetzlichen Vorschriften (ReNoPat-AusbV) – um die Vorstellung von Möglichkeiten, wie die in den sogenannten „Prüfungsbereichen" zu bearbeitenden Fälle gestaltet sein können. Einige Jahre sind seit Einführung der neuen Verordnung vergangen und es konnten bereits viele Erfahrungswerte gesammelt werden. Diese sind in die Neuauflage dieser Reihe eingeflossen.

Bei der Gestaltung der zukünftigen Prüfungsfälle bzw. -situationen in den einzelnen Prüfungsbereichen wird es sicherlich auch künftig zu unterschiedlichen Ausprägungen in den verschiedenen Kammer-Bezirken kommen. Da bisher jede Rechtsanwaltskammer eigene Abschlussprüfungen erstellt und durchführt, werden diese auch eigene Schwerpunkte und Vorgehensweisen haben.

Ebenso kann es auf Grundlage des Rahmenlehrplanes in einzelnen Bundesländern, die teilweise Lehrplanrichtlinien herausgeben, bis in die einzelnen Berufsschulen zu unterschiedlichen Ausgestaltungen kommen. Dies ist der Kulturhoheit in diesem Bereich geschuldet. Lernfelder, „Fächerbezeichnungen" der einzelnen Schulen stimmen in der Regel nicht überein mit den Bezeichnungen der neuen Prüfungsbereiche. Fragen Sie hier im Bedarfsfall Ihre Lehrkräfte; diese können Ihnen in der Regel fundierte Auskunft erteilen.

Mit dieser Buchreihe wollen wir sowohl den Prüferinnen und Prüfern als auch Auszubildenden eine Idee davon geben, wie Fälle in den Prüfungsbereichen gestaltet sein könnten.

Diese Prüfungsbuchreihe erhebt nicht den Anspruch, eine vollständige Abdeckung möglicher Inhalte und Ausgestaltungsmöglichkeiten zu sein. Sie kann und will die Vorbereitung mit Lehrbüchern nicht ersetzen. Auszubildende sollten sich immer auch an dem orientieren, was sie an Hinweisen von ihren Lehrkräften und in den Ausbildungskanzleien erhalten.

Damit die Einordnung des jeweiligen Prüfungsbuch-Bandes leichter fällt, stellen wir eine Übersicht über die Prüfungsbereiche mit den groben Inhalten laut Ausbildungsverordnung an den Anfang und nehmen eine Zuordnung der Bände vor.

Vorwort der Herausgeberinnen mit Prüfungshinweisen

An dieser Stelle möchten Verlag und Herausgeberinnen auf Folgendes hinweisen:

Wir bitten um Verständnis dafür, dass in diesem Werk nicht durchgehend eine geschlechtsneutrale Sprache gewählt wurde (Stichwort: **Gendern**). Dies liegt u.a. daran, dass in den Gesetzestexten in der Regel die männliche Schreibweise verwendet wird. Um den Text auch lesbar zu halten, wurde daher häufig die männliche Schreibweise verwendet. Es wurde in den Beispielen darauf geachtet, dass sowohl Rechtsanwältinnen als auch Rechtsanwälte sowie weibliche als auch männliche Auszubildende vorkommen. Dies bedeutet jedoch **keinesfalls eine Missachtung des weiblichen, männlichen oder diversen Geschlechts.**

Prüfungsbereiche der Abschlussprüfung gem. § 7 II ReNoPatAusbV

Orientiert an den Tätigkeitsfeldern der Berufspraxis werden folgende (Prüfungs-)Bereiche geprüft (der in diesem Prüfungsbuch-Band behandelte Bereich ist im Folgenden grau hinterlegt).

1. Geschäfts- und Leistungsprozesse,
2. Mandantenbetreuung,
3. Rechtsanwendung im Rechtsanwaltsbereich,
4. Vergütung und Kosten sowie
5. Wirtschafts- und Sozialkunde.

Prüfungszeiten und Gewichtungen aller Prüfungsbereiche der Abschlussprüfung:

		Prüfungs-zeiten	Gewichtung	Prüfungsinstrument
1.	Geschäfts- und Leistungsprozesse	60 Minuten	15 %	Fallbezogene Aufgaben **schriftlich**
2.	Mandantenbetreuung	15 Minuten	15 %	Fallbezogenes Fachgespräch **mündlich**
3.	Rechtsanwendung im Rechtsanwaltsbereich	150 Minuten	30 %	Fallbezogene Aufgaben **schriftlich**
4.	Vergütung und Kosten	90 Minuten	30 %	Fallbezogene Aufgaben **schriftlich**
5.	Wirtschafts- und Sozialkunde	60 Minuten	10 %	Fallbezogene Aufgaben **schriftlich**

1. Prüfungsbereich: Geschäfts- und Leistungsprozesse gem. § 7 III ReNoPatAusbV (schriftlich):

a) arbeitsorganisatorische Prozesse planen, durchführen und kontrollieren, b) zur Qualitätsverbesserung betrieblicher Prozesse beitragen, c) Büro- und Verwaltungsaufgaben planen, durchführen und kontrollieren, d) elektronischen Rechtsverkehr nutzen, e) Auskünfte aus Registern einholen und verarbeiten,	**Band I: Tietje, Geschäfts- und Leistungsprozesse**
f) Aktenbuchhaltung führen, g) Aufgaben im Bereich Rechnungs- und Finanzwesen ausführen.	**Band II: Okon/Sabo, Geschäfts- und Leistungsprozesse**

Wie die Gewichtung und Aufteilung der einzelnen Inhalte, welche Bestandteil dieses Prüfungsbereiches sind, in den Prüfungen dann ausgestaltet ist, wird vom jeweiligen Aufgaben- bzw. Prüfungsausschuss der zuständigen Kammer abhängig sein.

2. Mandantenbetreuung gem. § 7 IV ReNoPatAusbV (Fallbezogenes Fachgespräch – mündlich):

a) Mandanten serviceorientiert betreuen, b) Anliegen von Mandanten erfassen, c) Gespräche mit Mandanten adressatenorientiert führen, d) Auskünfte einholen und erteilen, e) Konfliktsituationen bewältigen.	**Jungbauer/Dives, Fallbezogenes Fachgespräch – Mandantenbetreuung**
Hierfür wählt der **Prüfungsausschuss** eines der folgenden Gebiete aus: a) Zivilrechtliches Mandat, b) Zwangsvollstreckungsrechtliches Mandat, c) Vergütung und Kosten im Zivilrechtlichen Mandat, d) Zahlungsverkehr.	
Die fachbezogene Anwendung der englischen Sprache ist zu berücksichtigen.	

3. Rechtsanwendung im Rechtsanwaltsbereich gem. § 7 V ReNoPatAusbV (schriftlich):

a)	Sachverhalte, insbesondere in den Bereichen bürgerliches Recht sowie Gesellschafts-, Wirtschafts- und Europarecht, rechtlich erfassen und beurteilen,	**Band I mit WiSo: Boiger/Hoffmann/ Pütz/ Rechtsanwendung im Rechtsanwalts- bereich**
b)	Maßnahmen im Zivilprozess- und Zwangsvollstreckungsrecht vorbereiten, durchführen und kontrollieren,	**Band II: Jungbauer/ Natterer, Rechtsanwendung im Rechtsanwalts- bereich**
c)	fachkundliche Texte formulieren und gestalten.	**Band I und Band II**
Die fachbezogene Anwendung der englischen Sprache ist zu berücksichtigen.		

Auch hier wird – ebenso wie im Prüfungsbereich „Geschäfts- und Leistungsprozesse" – die Gewichtung und Aufteilung der einzelnen Inhalte, welche Bestandteil dieses Prüfungsbereiches sind, vom jeweiligen Aufgaben- bzw. Prüfungsausschuss der zuständigen Kammer abhängig sein. Für den Teil c) „Fachkundliche Texte formulieren und gestalten" bietet sich aus unserer Sicht an, einen festen Zeitanteil für die organisatorische Durchführung dieser Prüfungsanforderung am PC vorzusehen.

4. Vergütung und Kosten gem. § 7 VI ReNoPatAusbV (schriftlich):

a)	Werte, Gebühren und Auslagen für Vergütungsrechnungen ermitteln,	
b)	Vergütungsrechnungen im außergerichtlichen und gerichtlichen Bereich sowie im Zwangsvollstreckungsverfahren erstellen,	**Jungbauer, Vergütung und Kosten**
c)	Kostenfestsetzungsanträge und Anträge auf Vergütung im Prozesskostenhilfeverfahren erstellen,	
d)	Gerichtskostenvorschüsse berechnen und Gerichtskostenrechnungen kontrollieren.	

5. Wirtschafts- und Sozialkunde gem. § 7 VII ReNoPatAusbV (schriftlich):

Der Prüfling soll nachweisen, dass er allgemeine wirtschaftliche und gesellschaftliche Zusammenhänge der Berufs- und Arbeitswelt darstellen und beurteilen kann.

Zu dem Prüfungsbereich Wirtschafts- und Sozialkunde (WiSo) ist anzumerken, dass es in diesem Bereich (z.B. im Fach Sozialkunde) in den einzelnen Bundesländern unterschiedliche Lehrpläne gibt, teilweise auch andere Fächerbezeichnungen. Abzuwarten bleibt weiterhin, ob sich ein gemeinsamer Nenner für diesen Prüfungsbereich herauskristallisiert. Die Inhalte können unter anderem auch den Inhalten des Ausbildungs-rahmenplans der AusbV oder den Lehrplänen entnommen werden. Das Thema WiSo ist im neu bearbeiteten Werk „Rechtsanwendung im RA-Bereich I" in der Neuauflage aufgenommen worden.

Weitere wichtige Hinweise zur Abschlussprüfung finden Sie im Werk dieser Reihe: Jungbauer/Dives, Mandantenbetreuung.

Inhalte der Abschlussprüfung			
Berufsübergreifende berufsprofilgebende Fertigkeiten, Kenntnisse und Fähigkeiten	Weitere berufsprofil-gebende Fertigkei-ten, Kenntnisse und Fähigkeiten	Berufsübergreifende integrative Fertigkei-ten, Kenntnisse und Fähigkeiten	Im Berufsschulunter-richt zu vermitteln-der Lehrstoff, soweit für die Berufsausbil-dung wesentlich
Anlage (ARP)[1] Abschnitt A	Anlage (ARP) Abschnitt B **(RA-spezifisch)**	Anlage (ARP) Abschnitt F	RLP[2] Lehrplanrichtlinie

Für Ihre Abschlussprüfung wünschen wir Ihnen von Herzen viel Glück und Erfolg!

München, im Februar 2022   *Sabine Junghauer* und *Veronika Dives*

---

1 ARP = Ausbildungsrahmenplan
2 RLP = Rahmenlehrplan

Vorwort

Liebe Auszubildende, liebe Leserinnen und Leser,

mit dem vorliegenden Band aus der neuen Reihe der Prüfungsvorbereitungsbücher des C.F. Müller Verlages haben Sie das Werkzeug in der Hand, in prüfungsrelevanten Schwerpunkten anhand von praxisnahen Beispielen Ihre erworbenen Kenntnisse und Fähigkeiten zu überprüfen.

Dieses Buch bietet eine optimale Prüfungsvorbereitung für die Abschlussprüfung zum/ zur Rechtsanwaltsfachangestellten in dem Prüfungsbereich „Geschäfts- und Leistungsprozesse II" (Teilbereiche Aktenbuchhaltung und Rechnungs- und Finanzwesen).

Das Buch umfasst eine kurze Darstellung einiger kaufmännischer Grundrechenarten und der Grundlagen der Buchführung des Rechtsanwalts, basierend auf dem System der doppelten Buchführung und dem Jahresabschluss in Form der Einnahmen-Überschussrechnung. Nach kurzer Vermittlung der Grundtechniken und der für die Abschlussprüfung wichtigsten Konten wird der/die Auszubildende die unterschiedlichsten Einzelbuchungen und den Abschluss von Konten logisch ableiten. Die für die Kanzleipraxis notwendigen kaufmännischen Grundrechenarten werden ebenfalls kurz anschaulich dargestellt und fließen in die Übungsklausuren am Ende des Buches praxisbezogen ein.

Kernstück des Buches bildet Teil 2, der eine umfangreiche Belegsammlung mit entsprechenden Geschäftsvorfällen enthält. Hiermit kann sowohl der Einstieg in die Buchhaltungspraxis einer Rechtsanwaltskanzlei geprobt als auch für die oben genannten Teilbereiche der Abschlussprüfung zum/zur Rechtsanwaltsfachangestellten trainiert werden. Gerade weil viele Auszubildende in den Ausbildungskanzleien nicht die Möglichkeit haben, im Bereich der Kanzleibuchhaltung praktische Erfahrungen zu sammeln, besteht mit der Belegsammlung die Möglichkeit, diese Lücke zu schließen. Ich habe mich bei der Erstellung der Belege auf die in einer Rechtsanwaltskanzlei häufig vorkommenden Buchungen konzentriert.

Der Belegsammlung liegt zudem der Gedanke zugrunde, dass die Kenntnisse und Fähigkeiten in den Prüfungsteilbereichen Aktenbuchhaltung und Rechnungs- und Finanzwesen auf diese Art praxis- und handlungsorientiert trainiert werden können, bevor das theoretische und praktische Wissen in den Übungsklausuren im Teil 3 dieses Buches unter Beweis gestellt werden kann.

Die handelnden natürlichen und juristischen Personen in den Geschäftsvorfällen oder Buchungsbelegen, ihre Adressen und ihre Handlungen sind frei erfunden. Jede Ähnlichkeit mit verstorbenen oder lebenden Personen oder Persönlichkeiten ist nicht beabsichtigt und wäre rein zufällig.

Dieses Buch dient der Prüfungsvorbereitung im Prüfungsbereich „Geschäfts- und Leistungsprozesse II (Teilbereiche Aktenbuchhaltung führen, Aufgaben im Bereich Rechnungs- und Finanzwesen ausführen). Es ersetzt weder Lehrbücher oder den Berufsschulunterricht noch erhebt es Anspruch auf Vollständigkeit.

Vorwort

Grundlage dieses Werkes bildet die ReNoPatAusbV, welche am 1. August 2015 in Kraft getreten ist. Bitte berücksichtigen Sie, dass für die Abschlussprüfung im Teilbereich „Geschäfts- und Leistungsprozesse" insgesamt lediglich 60 Minuten Zeit vorgesehen sind. Der zeitliche Anteil der Prüfung, der auf den Teilbereich Aktenbuchhaltung und Rechnungs- und Finanzwesen entfällt, kann ca. 20 – 30 Minuten maximale Prüfungszeit umfassen – dies wird von den Aufgaben- und Prüfungsausschüssen der jeweiligen Rechtsanwaltskammern, welche wie bisher eigene Abschlussprüfungen erstellen, zu entscheiden sein. Schon deshalb wird der Anteil der Buchungssätze in den kommenden Abschlussprüfungen voraussichtlich nicht mehr den Umfang früherer Prüfungen erreichen. Entsprechend ist in den im Teil 3 enthaltenen Prüfungsaufgaben die Bearbeitungszeit auf insgesamt 20 Minuten begrenzt. Die Konten, auf welchen gebucht wird, tragen die in den Berufsschulen üblichen Kontenbezeichnungen. Die in Klammern gesetzten Vorschläge beziehen sich auf die in der Praxis üblichen Kontenbezeichnungen. Sämtliche Buchungen erfolgen im Nettoverfahren.

Bedanken möchte ich mich auch im Namen meiner Mitbegründerin dieses Werkes sehr herzlich bei den Herausgeberinnen, Frau Sabine Jungbauer und Frau Veronika Dives, für die Unterstützung in Bezug auf die Umsetzung der am 1. August 2015 in Kraft getretenen ReNoPatAusbV und ihren unerschütterlichen Glauben daran, dass ich für die Teilbereiche Aktenbuchhaltung und Rechnungs- und Finanzwesen ein nützliches und handlungsorientiertes Übungsbuch geschaffen habe.

Mein besonderer Dank gilt natürlich auch Frau Enzmann und Frau Becker vom C.F. Müller Verlag für die Verwirklichung dieses Projektes und die freundliche und sehr angenehme Zusammenarbeit.

Ursprünglich sollte diese Veröffentlichung dem lieben Andenken an meine beste Freundin und Cousine Waltraud „Walli" Okon gewidmet sein, die im Februar 2020 verstorben ist. Als sie ging, hat sie nicht nur bei mir, sondern bei ihrem Sohn, in unserer Familie und natürlich bei ihren Freund*innen eine Leere hinterlassen, die für immer bleiben wird.

Doch seitdem hat sich die Welt geschüttelt, für die meisten von uns hat sich viel geändert. Deshalb möchte ich dieses Buch nicht nur meiner Cousine und Co-Autorin widmen, sondern auch all jenen, die den Kampf gegen Covid-19 verloren haben. Niemand war vorbereitet. Bitte kämpft weiter und bitte: bleibt gesund.

Zu guter Letzt möchte ich meinem Lebenspartner danken, der jederzeit und ohne Zögern für mich da war und ist; und nicht zuletzt dadurch dieses Buch möglich gemacht hat.

München, im Januar 2022   *Marion Sabo*

Inhaltsverzeichnis

Teil 1
Rechnen

Inhaltsverzeichnis

Teil 2
Geschäftsvorfälle und Belegsammlung

Teil 3
Übungsklausuren mit Lösungsvorschlägen

Abkürzungsverzeichnis und Zeichenerklärung

AB	Anfangsbestand
abzgl.	abzüglich
AfA	Absetzung für Abnutzung (Abschreibung)
AK	Anderkonto
AO	Abgabenordnung
APG	Ausscheidende Praxisgegenstände
AV	Arbeitslosenversicherung
AVK	Allgemeine Verwaltungskosten
BGB	Bürgerliches Gesetzbuch
BIC	Bank Identifier Code
BORA	Berufsordnung der Rechtsanwälte
BRAO	Bundesrechtsanwaltsordnung
BWA	Buchwertabgang
d.h.	das heißt
EaH	Einnahmen aus Hilfsgeschäften
EaN	Einnahmen aus Nebentätigkeiten
EB	Endbestand
EC	Electronic Cash
EK	Eigenkapital
ELV	Elektronisches Lastschrift Verfahren
ESt	Einkommensteuer
EStG	Einkommensteuergesetz
etc.	et cetera (und die übrigen Dinge) – und so weiter
EWR	Europäischer Wirtschaftsraum
FG	Fremdgeld
FiBu	Finanzbuchhaltung
GK	Gerichtskosten
GuV	Gewinn- und Verlustkonto
GWG	Geringwertige Wirtschaftsgüter
H	Haben
HBCI	Homebanking Computer Interface
HGB	Handelsgesetzbuch
Hon.	Honorar
IBAN	International Bank Account Number
i.d.R.	in der Regel
i.S.	im Sinne
iTAN	indizierte Transaktionsnummer

Abkürzungsverzeichnis und Zeichenerklärung

i.W.	in Worten
K	Kapital
KV	Krankenversicherung
LSt.	Lohnsteuer
LStDV	Lohnsteuerdurchführungsverordnung
LStR	Lohnsteuerrichtlinie
NR	Nebenrechnung
p	Zinssatz
PA	Praxisausstattung
PIN	Persönliche Identifikationsnummer
PK	Personalkosten
POS	Point of Sale
PV	Pflegeversicherung
RA	Rechtsanwalt
RK	Raumkosten
RV	Rentenversicherung
RVG	Rechtsanwaltsvergütungsgesetz
S	Soll
SBK	Schlussbilanzkonto
ScheckG	Scheckgesetz
SEPA	Single Euro Payments Area
SolZ	Solidaritätszuschlag
SP	Sammelposten
t	Zeit
TAN	Transaktionsnummer
u.a.	und andere/unter anderem
USt.	Umsatzsteuer
UStAE	Umsatzsteuer – Anwendungserlass
UStDV	Umsatzsteuer-Durchführungsverordnung
UStG	Umsatzsteuergesetz
usw.	und so weiter
vK/vo	Koverauslagte Kosten/vorgelegte Kosten
VKZ	Verrechnungskonto Zahllast
VSt.	Vorsteuer
Z	Zinsen
z.B.	zum Beispiel

≈	ungefähr
≙	entspricht
=	gleich
−	minus
+	plus
×	mal (multipliziert mit)
:	geteilt (dividiert) durch
#	Zinszahl

Teil 1
Rechnen

1.
Dreisatz

1.1 Der einfache Dreisatz mit geradem Verhältnis

Die Dreisatzrechnung dient dazu, aus drei in Bezug stehenden angegebenen Größen auf eine vierte zu schließen. Die Größen können in einem geraden (proportionalen) oder in einem ungeraden (umgekehrt proportionalen) Verhältnis stehen. Von einem geraden (proportionalen) Verhältnis spricht man, wenn sich die zwei gegebenen Größen in einem geraden Verhältnis verändern. Steigt der Wert der einen Größe, steigt auch der Wert der anderen Größe; sinkt der Wert der einen Größe, sinkt auch der Wert der anderen Größe.

Übungsfall:

1.200 Briefumschläge kosten 18,00 €.

Wie viel kosten 3.500 Briefumschläge?

Lösungsvorschlag:

Schritt 1:

Bekannt ist der Gesamtpreis für 1.200 Briefumschläge. Um den Preis für 3.500 Briefumschläge zu berechnen, wird zuerst der Preis für **einen** Umschlag und im gleichen Arbeitsgang der Preis für 3.500 Umschläge entwickelt.

Hierfür werden zunächst einmal die angegebenen Größen, das heißt, der „Bedingungssatz" (oder auch „Angabesatz") aufgeschrieben, von dem der „Fragesatz" abgeleitet wird:

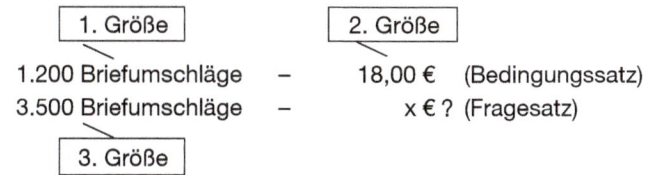

1. Größe		2. Größe
1.200 Briefumschläge	–	18,00 € (Bedingungssatz)
3.500 Briefumschläge	–	x € ? (Fragesatz)

3. Größe

Wichtig ist, dass gleiche Bezeichnungen untereinander stehen und die gesuchte Größe am Schluss erscheint.

Schritt 2:

Jetzt wird ein Bruchstrich aufgestellt, in dessen Zähler als erster Wert die Zahl über dem Fragezeichen (2. Größe) erscheint.

$$\frac{18,00}{} =$$

Um Fehler bei der Weiterentwicklung des Bruchstrichs zu vermeiden, stellt man sich jetzt die sog. „Schlüsselfrage": Kostet **eine** Einheit (in unserem Übungsfall also 1 Briefumschlag) mehr oder weniger?

Beantwortet man diese Frage nun mit „weniger", muss dividiert werden. Wird die Schlüsselfrage mit „mehr" beantwortet, wird multipliziert.

In unserem Übungsfall lautet die Antwort „weniger", nämlich den 1.200 Teil, also schreiben wir die Zahl (1. Größe) in den Nenner unseres Bruchstrichs.

$$\frac{18,00}{1.200} =$$

Das so ermittelte Ergebnis, nämlich den Preis für einen Briefumschlag (0,015 €) schreiben wir nicht auf, sondern schließen aus diesem Preis auf die gesuchte Größe, nämlich den Preis für 3.500 Briefumschläge.

Schritt 3:

Hierzu stellen wir uns die Frage: „Kosten 3.500 Briefumschläge mehr oder weniger als ein Briefumschlag?" Natürlich lautet die Antwort „mehr", also schreiben wir die Zahl 3.500 (3. Größe) in den Zähler des Bruchstriches. Unser vollständiger Lösungsbruchstrich sieht wie folgt aus:

$$\frac{18,00 \times 3.500}{1.200} = 52,50 \text{ €}$$

1.2 Der einfache Dreisatz mit ungeradem Verhältnis

Beim einfachen Dreisatz mit geradem Verhältnis steigen oder sinken die Größen proportional (je mehr, desto mehr – je weniger, desto weniger). Beim einfachen Dreisatz mit **ungeradem** Verhältnis steigen oder sinken die Größen in einem umgekehrt proportionalen Verhältnis (je mehr, desto weniger – je weniger, desto mehr).

Die Systematik zur Berechnung ist in beiden Fällen die gleiche, was sich in der nachfolgenden Aufgabe zeigt:

Übungsfall:

Drei Rechtsanwaltsfachangestellte benötigen für das Erstellen einer umfangreichen Berufungsbegründungsschrift 4 Stunden. In welcher Zeit kann der Schriftsatz erstellt werden, wenn 6 Rechtsanwaltsfachangestellte eingesetzt werden?

Lösungsvorschlag:

Schritt 1:

Zuerst schreiben wir Bedingungssatz und Fragesatz untereinander:

1. Größe		2. Größe	
3 Rechtsanwaltsfachangestellte	–	4 Stunden	(Bedingungssatz)
6 Rechtsanwaltsfachangestellte	–	x Stunden?	(Fragesatz)
3. Größe			

Schritt 2:

Nun wird der Bruchstrich ermittelt, in dessen Zähler zunächst wieder die Zahl über dem Fragezeichen (2. Größe) eingetragen wird.

$$\frac{4}{\quad} =$$

Anschließend wird – wieder bezogen auf **eine** Einheit – die Schlüsselfrage gebildet. In unserem Übungsfall lautet diese:

„Braucht eine Rechtsanwaltsfachangestellte für dieselbe Arbeit mehr oder weniger Stunden?"

Die Antwort lautet natürlich „mehr", nämlich dreimal so lange, also müssen wir multiplizieren, sprich: die Zahl 3 (1. Größe) in den Zähler des Bruchstrichs schreiben:

$$\frac{4 \times 3}{\quad} =$$

Schritt 3:

Jetzt stellen wir uns die Frage: Benötigen 6 Rechtsanwaltsfachangestellte für den Schriftsatz mehr oder weniger Stunden? Die Antwort lautet „weniger", also müssen wir dividieren. Hierzu schreiben wir die Zahl 6 (3. Größe) in den Nenner unseres Bruches. Unser vollständiger Lösungsbruchstrich sieht nun wie folgt aus:

$$\frac{4 \times 3}{6} = 2 \text{ Stunden}$$

Je mehr Rechtsanwaltsfachangestellte für dieselbe Tätigkeit eingesetzt werden, desto weniger Zeit benötigen sie hierfür.

Natürlich ist dieses Beispiel etwas praxisfremd, denn die Rechtsanwaltsfachangestellten müssten exakt in derselben Geschwindigkeit schreiben. Der Dreisatz bietet sich also nur dann an, wenn mit festen Bezugsgrößen, wie z.B. Maß- und Längeneinheiten, gerechnet wird.

1.3 Der zusammengesetzte Dreisatz

Beim zusammengesetzten Dreisatz sind jetzt nicht nur drei Werte angegeben, die zueinander im Verhältnis stehen, sondern mehrere. Hierbei können gerade und ungerade Verhältnisse gleichzeitig auftreten.

Übungsfall:

In einer Rechtsanwaltskanzlei arbeiten 14 Rechtsanwaltsfachangestellte bei einer täglichen Arbeitszeit von 8 Stunden an fünf Tagen pro Woche. Im nächsten Jahr soll die wöchentliche Arbeitszeit auf vier Tage, die tägliche Arbeitszeit auf 7 Stunden verkürzt werden. Wie viele Rechtsanwaltsfachangestellte müssten zusätzlich eingestellt werden?

Lösungsvorschlag:

Schritt 1:

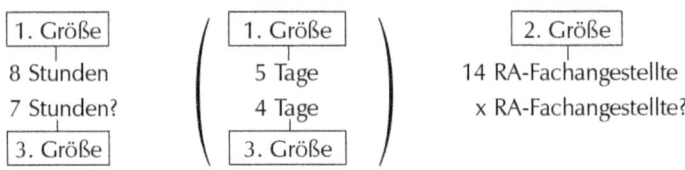

1. Größe		1. Größe		2. Größe
8 Stunden		5 Tage		14 RA-Fachangestellte
7 Stunden?		4 Tage		x RA-Fachangestellte?
3. Größe		3. Größe		

Schritt 2:

Die erste Position auf dem Bruchstrich ist wieder der Wert der 2. Größe.

$$\frac{14}{\qquad} =$$

Nun gilt es zu entscheiden, wie die entsprechenden Zahlenpaare auf dem Bruchstrich angeordnet werden müssen. In diesem Übungsfall haben zwei Faktoren Einfluss auf das Ergebnis: die Anzahl der Arbeitsstunden und die Anzahl der Arbeitstage.

Hier handelt es sich um zwei einfache Dreisätze mit ungeradem Verhältnis (je mehr, desto weniger – je weniger, desto mehr), so dass wir jeweils die erste Größe in den Zähler, die dritte Größe in den Nenner unseres Bruches schreiben können:

$$\frac{14 \times 8 \times 5}{7 \times 4} = 20$$

Schritt 3:

Jetzt wissen wir, dass bei geänderten Konditionen, nämlich sieben Stunden täglicher Arbeitszeit bei vier Arbeitstagen pro Woche 20 Rechtsanwaltsfachangestellte notwendig wären. Nachdem in der Aufgabe danach gefragt war, wie viele Rechtsanwaltsfachange-stellte zusätzlich eingestellt werden müssten, bedarf es zur endgültigen Lösung noch folgender Berechnung:

20 Rechtsanwaltsfachangestellte
– 14 Rechtsanwaltsfachangestellte
6 Rechtsanwaltsfachangestellte

Die richtige Lösung lautet daher: Es müssten 6 Rechtsanwaltsfachangestellte **zusätzlich** eingestellt werden.

In den vorstehenden Übungsfällen handelte es sich jeweils durchgehend um gerade (proportionale) oder ungerade (umgekehrt proportionale) Verhältnisse. Es kann natürlich auch vorkommen, dass der zusammengesetzte Dreisatz sowohl gerade als auch ungerade Verhältnisse enthält.

Übungsfall:

Sieben Rechtsanwaltsfachangestellte schreiben an 5 Tagen 350 Schriftsätze. Wie viele Tage benötigen vier Rechtsanwaltsfachangestellte für 600 Schriftsätze?

Lösungsvorschlag:

Schritt 1:

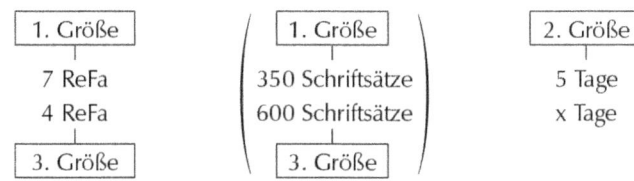

Schritt 2:

In den Zähler unseres Buchstriches schreiben wir zunächst wieder die 2. Größe.

$$\frac{5}{} =$$

Schritt 3:

Anschließend entscheiden wir – zunächst bezogen auf die Rechtsanwaltsfachangestellten – ob es sich um ein gerades oder ungerades Verhältnis handelt. Je mehr Rechtsanwaltsfachangestellte tätig werden, desto weniger Tage benötigen sie. Es handelt sich also um ein ungerades (umgekehrt proportionales) Verhältnis, so dass wir die erste Größe (7) in den Zähler und die 3. Größe (4) in den Nenner unseres Bruches schreiben.

$$\frac{5 \times 7}{4} =$$

Schritt 4:

Bezogen auf die Schriftsätze fragen wir uns nun wieder, ob ein gerades oder ungerades Verhältnis vorliegt. In diesem Fall liegt ein gerades Verhältnis vor, weil für weniger Schriftsätze weniger Zeit, für mehr Schriftsätze mehr Zeit benötigt wird. Das bedeutet, dass wir die erste Größe (350) in den Nenner, die dritte Größe (600) in den Zähler unseres Bruches schreiben.

$$\frac{5 \times 7 \times 600}{4 \times 350} = 15$$

Vier Rechtsanwaltsfachangestellte benötigen für 600 Schriftsätze 15 Tage.

2.
Prozentrechnen

Die Prozentrechnung begegnet uns nicht nur im Rahmen der Prüfungsvorbereitung auf die Abschlussprüfung zum/zur Rechtsanwaltsfachangestellten, sondern häufig auch im täglichen Leben. Denken wir z.B. nur einmal an den Mietvertrag, in dem die Miete sich automatisch jährlich um 3 % erhöht, an die ständig steigenden Lebenshaltungskosten oder die Erhöhung der Umsatzsteuer. Vieles wird in Prozenten ausgedrückt. Durch die Prozentrechnung werden unterschiedliche Werte vergleichbar gemacht. Dies geschieht dadurch, dass die Werte auf eine einheitliche Größe, nämlich 100, bezogen werden. Aufgaben der Prozentrechnung können mit dem Dreisatz gelöst werden.

2.1 Berechnung des Prozentwertes

Nehmen wir einmal an, Sie finden folgende Notiz über Ihre Berufsschule:

Übungsfall:

Im letzten Schuljahr besuchten 1.850 Auszubildende die Berufsschule, 58 % davon sind angehende Rechtsanwaltsfachangestellte.

Der Begriff Prozent stammt aus dem Lateinischen (pro centum) und bedeutet „vom Hundert". Der Wert aus unserem Beispiel „58 %" bedeutet also 58 von 100 oder 58/100.

Die Lösung von Aufgaben aus dem Bereich der Prozentrechnung kann mit Hilfe des einfachen Dreisatzes erfolgen. Wollten wir also ausrechnen, wie viele Auszubildende im letzten Schuljahr den Beruf des/der Rechtsanwaltsfachangestellten an der Berufsschule erlernten, könnte dies mit Hilfe des einfachen Dreisatzes (gerades Verhältnis) wie folgt geschehen:

Lösungsvorschlag:

Schritt 1:

Die gesamten Auszubildenden der Berufsschule werden auf den Wert 100 bezogen. Wir können nun Bedingungs- und Fragesatz bilden:

100 % $\triangleq$ 1.850 Azubis

58 % $\triangleq$ x Azubis?

Schritt 2:

Jetzt wird der Bruchstrich erstellt, in dessen Zähler wir nach den Regeln des einfachen Dreisatzes die dritte Größe und in dessen Nenner wir die erste Größe schreiben.

$$\frac{1.850 \times 58}{100} = 1073$$

1073 Auszubildende erlernen den Beruf des/der Rechtsanwaltsfachangestellten. Dieser ermittelte Wert wird Prozentwert genannt.

2.2 Berechnung des Prozentsatzes

Sind Prozentwert und Grundwert gegeben, wird nach dem Prozentsatz gesucht.

Übungsfall:

Die Telefonkosten der Kanzlei betragen in diesem Jahr 2.463,80 € und liegen damit unter den Telefonkosten des Vorjahres, in welchem diese sich auf 2.540,00 € beliefen. Um wie viel Prozent sind die Kosten im Vergleich zum Vorjahr gesunken?

Lösungsvorschlag:

Schritt 1:

Zunächst bilden wir wieder Bedingungs- und Fragesatz:

$$2.540,00 \ € \ \triangleq \ 100 \ \%$$
$$2.463,80 \ € \ \triangleq \ \ x \ \% \ ?$$

Schritt 2:

Anschließend verteilen wir die vorhandenen Größen nach den Regeln des einfachen Dreisatzes mit geradem Verhältnis:

$$\frac{100 \times 2.463,80}{2.540,00} = 97 \ \%$$

Schritt 3:

Nun ermitteln wir den Prozentsatz, um den sich die Telefonkosten verändert haben, indem wir den ermittelten Wert von 100 abziehen:

$$100 \ \% - 97 \ \% = 3 \ \%$$

Die Telefonkosten sind um 3 % gesunken.

2.3 Berechnung des Grundwertes

Sind Prozentwert und Prozentsatz gegeben, wird nach dem Grundwert gesucht.

Übungsfall:

Die Telefonkosten der Kanzlei belaufen sich auf 2.463,80 € und stellen damit 4,3 % der gesamten Betriebsausgaben der Kanzlei dar.

Wie hoch sind die gesamten Ausgaben der Kanzlei?

Lösungsvorschlag:

Schritt 1:

Zunächst bilden wir wieder Bedingungs- und Fragesatz:

$$4,3 \ \% \ \triangleq \ 2.463,80 \ €$$
$$100 \ \% \ \triangleq \ \ x \ € \ ?$$

Schritt 2:

Anschließend wird der Bruchstrich gebildet, in dessen Zähler die dritte Größe und in dessen Nenner die erste Größe geschrieben wird:

$$\frac{2.463,80 \times 100}{4,3} = 57.297,6744 \approx \mathbf{57.297,67 \; €}$$

Die gesamten Ausgaben der Kanzlei belaufen sich auf 57.297,67 €.

2.4 Vermehrter und verminderter Grundwert

Der Grundwert entspricht immer 100 %. Wenn sich der Grundwert um einen bestimmten Prozentsatz erhöht, spricht man von dem vermehrten Grundwert. Ermäßigt sich dieser Wert um einen bestimmten Prozentsatz, spricht man vom verminderten Grundwert.

2.4.1 Vermehrter Grundwert

Übungsfall:

Ein Händler verkauft einen Fernseher zum Preis von 3.088,97 €. Der Preis ist im Verhältnis zum Vorjahr um 3 % gestiegen. Wie viel kostete der Fernseher im letzten Jahr?

Lösungsvorschlag:

Da der Preis für den Fernseher um 3 % gestiegen und diese Erhöhung im angegebenen Preis bereits enthalten ist, müssen wir bei der Berechnung vom vermehrten Grundwert ausgehen:

Schritt 1:

Bedingungs- und Fragesatz lauten:

$$103 \; \% \triangleq 3.088,97 \; €$$
$$100 \; \% \triangleq \qquad x \; € \; ?$$

Schritt 2:

Wir bilden den Bruch:

$$\frac{3.088,97 \times 100}{103} = 2.999,00 \; €$$

Der Fernseher kostete vor der Preiserhöhung 2.999,00 €.

2.4.2 Verminderter Grundwert

Übungsfall:

Nach Abzug von 3 % Skonto bezahlt Rechtsanwalt Wunderlich 1.455,00 € für seine neue Frankiermaschine. Wie hoch war der ursprüngliche Verkaufspreis?

Lösungsvorschlag:

Hier ist zu beachten, dass der angegebene Grundwert vermindert ist, da der Rechtsanwalt nicht 100 %, sondern – nach Abzug der 3 % Skonto – eben nur 97 % bezahlt.

Schritt 1:

Wir bilden wieder Bedingungs- und Fragesatz, ausgehend vom verringerten Grundwert:

$$97 \% \triangleq 1.455,00 \text{ €}$$
$$100 \% \triangleq \qquad x \text{ € ?}$$

Schritt 2:

$$\frac{1.455,00 \times 100}{97} = 1.500,00 \text{ €}$$

1.500,00 € war der ursprüngliche Preis der Frankiermaschine.

2.5 Stufenweise Prozentrechnung

Es kann vorkommen, dass verminderte und vermehrte Grundwerte in einer Aufgabe zusammentreffen. In diesem Fall spricht man vom stufenweisen Prozentrechnen. Die Art der Berechnung erfolgt nach den vorstehenden Mustern allerdings – daher der Name – stufenweise.

Übungsfall:

Die Telefonkosten der Kanzlei in Höhe von 2.439,50 € waren in diesem Jahr um 4,8 % niedriger als im Vorjahr. Letztes Jahr waren die Telefonkosten jedoch um 2,5 % höher als im vorletzten Jahr. Wie hoch waren die Telefonkosten im vorletzten Jahr?

Lösungsvorschlag:

Wir wissen, dass die Telefonkosten in diesem Jahr 2.439,50 € betragen haben. Außerdem wissen wir, dass die Kosten in diesem Jahr 4,8 % niedriger waren als im Jahr zuvor. Zunächst lassen sich – ausgehend vom verminderten Grundwert – die Telefonkosten für das letzte Jahr mit dem einfachen Dreisatz mit geradem Verhältnis ermitteln.

Schritt 1:

Hierzu bilden wir zunächst wieder Bedingungs- und Fragesatz:

$$95,2 \% \triangleq 2.439,50 \text{ €}$$
$$100 \% \triangleq \qquad x \text{ € ?}$$

Schritt 2:

Wir erstellen unseren Bruch:

$$\frac{2.439,50 \times 100}{95,2} = 2.562,50 \text{ €}$$

Somit haben wir den ersten Teil der Aufgabe geschafft. Wir wissen nun, dass die Telefonkosten im letzten Jahr 2.562,50 € betragen haben. Aus der Angabe in unserem Übungsfall wissen wir, dass die Telefonkosten im letzten Jahr um 2,5 % höher waren als im vorletzten Jahr. Das bedeutet für unseren nächsten Rechenschritt, dass wir um die Kosten für das vorletzte Jahr ausrechnen zu können, vom vermehrten Grundwert ausgehen müssen.

Schritt 3:

Bedingungs- und Fragesatz lauten demnach:

$$102,5 \text{ \%} \triangleq 2.562,50 \text{ €}$$
$$100 \text{ \%} \triangleq x \text{ € ?}$$

Schritt 4:

Wir bilden unseren Bruchstrich:

$$\frac{2.562,50 \times 100}{102,5} = 2.500,00 \text{ €}$$

Die Telefonkosten beliefen sich im vorletzten Jahr auf 2.500,00 €.

3.
Zinsrechnen

Die Zinsrechnung hat mit der Prozentrechnung viel gemeinsam. Sie unterscheidet sich von ihr durch den Faktor „Zeit". Die Zinsberechnung findet immer dann Anwendung, wenn einem Schuldner Geld für eine bestimmte Zeit überlassen und hierfür ein bestimmter Prozentsatz als „Preis" vereinbart wird. Natürlich auch dann, wenn ein Kapitalanleger sein für eine bestimmte Zeit angelegtes Kapital verzinst erhält. Sie findet in der täglichen Praxis des/der Rechtsanwaltsfachangestellten auch dann Anwendung, wenn es um die Beitreibung titulierter Forderungen geht, da der Schuldner einer Forderung regelmäßig auch Zinsen schuldet. Die Höhe der Zinsen ist davon abhängig, wie hoch die Forderung ist und welcher Zinssatz vereinbart bzw. tituliert wurde.

Man unterscheidet bei der Zinsrechnung zwischen der kaufmännischen und der bürgerlichen Zinsrechnung. Bei der kaufmännischen Zinsrechnung wird mit 360 Tagen pro Jahr und 30 Tagen pro Monat gerechnet. Dies gilt auch für Monate, die mehr oder weniger Tage haben (z.B. Februar oder Dezember). Für den Monat Februar gilt dies mit der Einschränkung, dass bei einem Darlehensende am 28.02. bzw. 29.02. nur mit 28 bzw. 29 Tagen gerechnet wird. Bei der Berechnung von Zinsen wird der erste Tag der Zinsberechnung nicht, der letzte Tag der Verzinsung wird mitgezählt.

Bei der bürgerlichen Zinsrechnung wird das Jahr mit 365/366 Tagen und der Monat mit den tatsächlichen Kalendertagen gerechnet, der erste Tag wird mitgerechnet.

Die kaufmännische Zinsrechnung findet im geschäftlichen Verkehr zwischen Kaufleuten Anwendung, während die bürgerliche Zinsrechnung bei einer privaten Kreditgewährung zugrunde zu legen ist.

Die allgemeine Formel zur Berechnung (auch „allgemeine Zinsformel" genannt) von Zinsen lautet:

$$\frac{K\,(= \text{Kapital}) \times p\,(= \text{Zinssatz})}{100}$$

Übungsfall:

Wie hoch sind die Zinsen, die ein Darlehensnehmer für ein Darlehen in Höhe von 15.000,00 € zu einem Zinssatz von 6 % bei einer Laufzeit von einem Jahr zahlen muss?

Lösungsvorschlag:

$$\frac{15.000 \times 6}{100} = 900,00\ €$$

3.1 Jahreszinsen

Werden die Zinsen für mehrere Jahre berechnet, verändert sich die allgemeine Zinsformel um die entsprechende Anzahl der Jahre.

$$\frac{K\,(= \text{Kapital}) \times p\,(= \text{Zinssatz}) \times \text{Jahre}}{100}$$

Übungsfall:

Wie hoch sind die Zinsen, die ein Darlehensnehmer zahlen muss, wenn er 20.000,00 € für 5 Jahre zu einem Zinssatz in Höhe von 3,8 % in Anspruch nimmt?

Lösungsvorschlag:

$$\frac{20.000 \times 3,8 \times 5}{100} = 3.800,00\ €$$

3.2 Monatszinsen

Sofern die Zinsen nicht für Jahre sondern für Monate berechnet werden sollen, verändert sich die Formel wie folgt:

$$\frac{K\,(= \text{Kapital}) \times p\,(= \text{Zinssatz}) \times \text{Monate}}{100 \times 12}$$

3.3 Tageszinsen

Bei der Berechnung von Tageszinsen ist die Formel wie folgt zu verändern:

$$\frac{K\,(=\text{Kapital}) \times p\,(=\text{Zinssatz}) \times \text{Tage}}{100 \times 360}$$

Übungsfall:

Wie hoch sind die Zinsen, wenn die Bank auf das angelegte Kapital in Höhe von 4.500,00 € für den Zeitraum vom 15.01. bis 18.12. desselben Jahres einen Zinssatz von 3,2 % zahlt?

Lösungsvorschlag:

Wir lösen mit der Formel für die Berechnung von Tageszinsen. Da uns die Komponente „Tage" jedoch fehlt, müssen wir diese zunächst berechnen:

15.01. bis 18.12. = 11 Monate und 3 Tage = 330 + 3 = 333 Tage

Jetzt haben wir alle Faktoren für unseren Bruchstrich:

$$\frac{4.500 \times 3,2 \times 333}{100 \times 360} = 133,20\ €$$

Die Zinsen betragen 133,20 €.

Bei der Berechnung des Kapitals oder der Zinsen muss die Tageszinsformel entsprechend umgestellt werden.

Anstelle der Multiplikation mit dem zweiten Teil des Bruchs (p geteilt durch 360) kann man auch den ersten Bruch durch den Kehrwert des zweiten Bruchs dividieren und erhält so:

$$\frac{K \times t}{100} \quad \text{geteilt durch} \quad \frac{360}{p}$$

$$\downarrow \qquad\qquad\qquad\qquad\qquad \downarrow$$

Zinszahl (#)   Zinsteiler (Zinsdivisor)

3.4 Zinsformeln

Die wichtigsten Formeln der kaufmännischen Zinsrechnung sind nachstehend zusammengefasst:

$$\text{Kapital} = \frac{\text{Zinsen} \times 100 \times 360}{\text{Zinssatz} \times \text{Tage}} \qquad K = \frac{Z \times 100 \times 360}{p \times t}$$

$$\text{Zinssatz} = \frac{\text{Zinsen} \times 100 \times 360}{\text{Kapital} \times \text{Tage}} \qquad p = \frac{Z \times 100 \times 360}{K \times t}$$

$$\text{Zeit} = \frac{\text{Zinsen} \times 100 \times 360}{\text{Kapital} \times \text{Tage}} \qquad t = \frac{Z \times 100 \times 360}{K \times p}$$

$$\text{Tageszinsen} = \frac{\text{Kapital} \times \text{Zinssatz} \times \text{Tage}}{100 \times 360} \qquad Z = \frac{K \times p \times t}{100 \times 360}$$

Die Formel für K, p und t hat jeweils denselben Zähler (Z × 100 × 360). Lediglich der Nenner verändert sich durch die gesuchte Größe.

kaufm. Zinsformel	$\dfrac{\text{Zinszahl}}{\text{Zinsteiler}}$		$Z = \dfrac{(\#)}{\text{Zinsteiler}}$
Zinszahl	$\dfrac{\text{Kapital} \times \text{Zeit}}{100}$		$\# = \dfrac{K \times t}{100}$
Zinsteiler	$\dfrac{360}{p}$		$Zt = \dfrac{360}{\text{Zinssatz}}$

3.5 Berechnung von Forderungen

Wird der Rechtsanwalt mit der gerichtlichen Geltendmachung einer Forderung beauftragt, wird er in der Regel sowohl auf die Hauptforderung als auch auf die Kosten Zinsen titulieren lassen.

Gemäß § 288 I BGB ist eine Geldschuld während des Verzugs zu verzinsen. Der Zinssatz beträgt (jährlich) 5 Prozentpunkte über dem Basiszins. Die gilt für alle Entgeltforderungen, also Geldforderungen, die von einer Gegenleistung (Warenlieferungen, Dienstleistungen) abhängen. Bei Ansprüchen, an denen ein Verbraucher nicht beteiligt ist (also zwischen Unternehmern) beträgt der Verzugszinssatz 9 Prozentpunkte über dem Basiszins jährlich (seit 29. Juli 2014). Höhere (feste) Zinssätze können verlangt werden, wenn diese auch tatsächlich entstanden sind. War der Gläubiger einer Forderung wegen der Nichtzahlung des Schuldners z.B. gezwungen, sein Konto zu überziehen und verlangt die Bank höhere Überziehungszinsen, so können diese anstelle der gesetzlich festgelegten Zinsen verlangt werden.

Der Basiszinssatz verändert sich zweimal jährlich (zum 01.01. und 01.07. eines Jahres), wird von der Deutschen Bundesbank im Bundesanzeiger veröffentlicht und kann abgefragt werden unter

www.bundesbank.de

Nachfolgende Tabelle zeigt, wie sich der Basiszinssatz in den letzten Jahren verändert hat:

Datum	Basiszinssatz	Datum	Basiszinssatz
01.07.2002	2,47	01.01.2012	0,12
01.01.2003	1,97	01.07.2012	0,12
01.07.2003	1,22	01.01.2013	− 0,13
01.01.2004	1,14	01.07.2013	− 0,38
01.07.2004	1,13	01.01.2014	− 0,63
01.01.2005	1,21	01.07.2014	− 0,73
01.07.2005	1,17	01.01.2015	− 0,83
01.01.2006	1,37	01.07.2015	− 0,83
01.07.2006	1,95	01.01.2016	− 0,83
01.01.2007	2,70	01.07.2016	− 0,88
01.07.2007	3,19	01.01.2017	− 0,88
01.01.2008	3,32	01.07.2017	− 0,88
01.07.2008	3,19	01.01.2018	− 0,88
01.01.2009	1,62	01.07.2018	− 0,88
01.07.2009	0,12	01.01.2019	− 0,88
01.01.2010	0,12	01.07.2019	− 0,88
01.07.2010	0,12	01.01.2020	− 0,88
01.01.2011	0,12	01.07.2020	− 0,88
01.07.2011	0,37	01.01.2021	− 0,88
		01.07.2021	− 0,88

Seit Juli 2016 beträgt der halbjährlich von der Deutschen Bundesbank berechnete und bekanntgegebene Basiszinssatz unverändert - 0,88 %.

Bei der Berechnung von Zinsen nach bürgerlichem Recht (bürgerliche Zinsrechnung) wird pro Jahr mit 365/366 Tagen und bei den Monaten mit den tatsächlichen Tagen gerechnet. Die Ermittlung der Zinstage erfolgt gem. §§ 186 ff. BGB, wonach der erste Tag und der Tag der Zahlung grundsätzlich mitverzinst werden, es sei denn, für den Zinsbeginn ist ein in den Lauf eines Tages fallendes Ereignis maßgebend.

Übungsfall:

Im Urteil wurde ein Anspruch wie folgt tituliert:

„Die Beklagte wird verurteilt, an die Klägerin 10.000,00 € nebst Zinsen in Höhe von 5 Prozentpunkten über dem Basiszins seit 01.01.2021 zu bezahlen".

Sie bekommen den Auftrag von RA Dr. Holms die Forderung zum Stichtag 05.04.2021 zu berechnen.

Lösungsvorschlag:

Schritt 1:

Zunächst wird anhand der Basiszinstabelle ermittelt, für welchen Zeitraum welcher Zinssatz zugrunde zu legen ist. Nachdem der Zinssatz durchgehend –0,88 % betragen hat, können wir die Zinsen errechnen, wozu erst die Tage ermittelt werden müssen

Vom 01.01.2021 bis 05.04.2021 errechnen sich folgende Tage

Januar (1. Tag wird mitgerechnet)	31 Tage
Februar (kein Schaltjahr)	28 Tage
März	31 Tage
April	5 Tage
Summe	95 Tage

Für diesen Zeitraum beträgt der Zinssatz laut vorstehender Tabelle (– 0,88 + 5 = 4,12 %).

Schritt 2:

Anschließend werden die Zinsen für den jeweiligen Zeitraum mit Hilfe der Formel für Tageszinsen ausgerechnet:

$$\frac{10.000 \times 4,12 \times 95}{100 \times 365} = 107,2328 \approx 107,23 \text{ €}$$

Schritt 3:

Wir ermitteln den Gesamtbetrag der Forderung durch Addition der Hauptforderung und des Zinsbetrages:

$$
\begin{array}{r}
10.000,00 \text{ €} \\
\underline{107,23 \text{ €}} \\
10.107,23 \text{ €}
\end{array}
$$

Die zu zahlende Forderung beträgt 10.107,04 €.

4.
Bargeldloser Zahlungsverkehr

Im modernen Zahlungsverkehr nimmt die bargeldlose Zahlung den größten Platz ein. Zwar ist im deutschen Recht immer noch die Barzahlung das Mittel der Erfüllung von Geldschulden, in der Praxis erfolgt die Zahlung in der Regel bargeldlos, da die meisten Menschen über ein Bankkonto verfügen. Die Zahlungen erfolgen von Bankkonto zu Bankkonto und erscheinen lediglich in den Büchern der Banken. Man spricht daher auch von „Buchgeld", das aber in Bargeld umgewandelt werden kann (Abhebung vom Konto). Umgekehrt kann das Bargeld durch Einzahlung auf das Bankkonto in Buchgeld umgewandelt werden.

Beispiele: Rechtsanwalt Watzon zahlt 500,00 € Bargeld auf sein Bankkonto ein. Aus dem Bargeld des Rechtsanwalts wurde Buchgeld. Die Gutschrift wird nur auf dem Kontoauszug angezeigt.

Im bargeldlosen Zahlungsverkehr gibt es verschiedene Zahlungsmöglichkeiten, von denen einige nachfolgend dargestellt sind:
- Überweisungen
- Daueraufträge
- Lastschriften
- Verrechnungsschecks
- Kartenzahlungen (Bankkarte, Kreditkarte, Geldkarte)
- Onlinebanking.

4.1 Überweisungen

Bei den Überweisungen erteilt der Kunde seiner Bank den Auftrag zur Übertragung eines bestimmten Betrages auf das Konto eines Zahlungsempfängers. Das Konto des Bankkunden vermindert sich um den überwiesenen Betrag (= Belastung), während das Konto des Zahlungsempfängers um den überwiesenen Betrag zunimmt (= Gutschrift). Die Überweisung kann durch ein von der Bank zur Verfügung gestelltes Formular in Papierform oder beleglos durch die Nutzung von Terminals oder Onlinebanking erfolgen. Zur Überweisung beim Onlinebanking siehe dortiges Kapitel.

Übungsfall:

Zur Begleichung einer Lieferantenrechnung (Lieferant Mustermann aus München) erteilt Rechtsanwalt Dr. Holms aus München seiner Bank einen Überweisungsauftrag in Papierform in Höhe von 342,80 €. Wie wird zur Begleichung dieser Schuld verfahren?

Lösungsvorschlag:

Die Bank belastet das Konto des Rechtsanwalts mit 342,80 € und schreibt der Firma Mustermann den Betrag innerhalb von zwei Tagen auf deren Konto gut.

Die Überweisungen innerhalb des EWR (Europäischer Wirtschaftsraum) müssen, sofern sie beleglos ausgeführt worden sind, innerhalb eines Geschäftstages dem Empfängerkonto gutgeschrieben sein. Geschäftstage sind dabei nur die Tage, an denen die Banken ihren Geschäftsbetrieb unterhalten (also keine Wochenenden, Feiertage oder Bankfeiertage). Wird ein Überweisungsauftrag der Bank in Papierform erteilt, verlängert sich die Ausführungsfrist um einen Tag auf insgesamt zwei Geschäftstage. Gutschriften für Überweisungen innerhalb des EWR, die nicht in EURO erfolgen, müssen innerhalb von vier Tagen erfolgen. Für Überweisungen außerhalb des EWR gibt es keine Ausführungsfristen.

Ein von der Bank ausgeführter Überweisungsauftrag kann vom Bankkunden in der Regel nicht zurückgerufen werden. Lediglich wenn sie fehlerhaft sind, wegen technischer Probleme, bei Doppelausführung oder im Falle eines Betrugs können Überweisungen innerhalb von 10 Tagen zurückgerufen werden.

Übungsfall:

Sie überweisen für die Kanzlei Dr. Holms und Watzon einen Betrag in Höhe von 1.350,00 €. Diese Überweisung wird von der Bank versehentlich zweimal ausgeführt. Kann diese Fehlbuchung rückgängig gemacht werden?

Lösungsvorschlag:

Grundsätzlich ist ein Überweisungsauftrag nicht rückrufbar. Allerdings bestehen Ausnahmen, z.B. wegen fehlerhafter (doppelter) Ausführung. In diesem Fall kann die Überweisung daher zurückgerufen werden.

4.2 Daueraufträge

Bei regelmäßig wiederkehrenden und gleichbleibenden Zahlungen (z.B. Miete) bietet sich die Erteilung eines Dauerauftrages an. Hier gibt der Kunde seiner Bank den Auftrag, regelmäßig zu einem bestimmten Termin eine Überweisung an den Zahlungsempfänger auszuführen. Vom Ablauf funktioniert der Dauerauftrag wie eine Überweisung (s. dort), nur dass sie eben automatisch in einem festgelegten Turnus (z.B. monatlich bei Miete) ausgeführt wird.

4.3 Einheitlicher Euro-Zahlungsverkehrsraum/SEPA

Durch SEPA (Single Euro Payments Area) werden europaweit einheitliche standardisierte Verfahren für bargeldlose Zahlungen angeboten, an dem die 28 EU-Staaten sowie die Länder Island, Liechtenstein, Norwegen, Schweiz und San Marino teilnehmen und das von Unternehmern und Verbrauchern gleichermaßen genutzt werden kann. Durch SEPA gibt es keine Unterscheidung mehr zwischen der Auslands- und Inlandsüberweisung. Für SEPA-Zahlungen sind die IBAN (International Bank Account Number) und die internationale Bankleitzahl, auch „BIC" genannt (Bank Identifier Code) erforderlich. Die IBAN ist in Deutschland 22 Zeichen lang und setzt sich zusammen aus Ländercode, der Prüfsumme mit Prüfziffern, der Bankleitzahl und der Kontonummer. Bei grenzüberschreitenden Überweisungen (z.B. Überweisung von Honorar durch einen ausländischen Mandanten) müssen Zahlungen über 12.500,00 € der Bundesbank gemeldet werden.

Folgende Angaben müssen auf den SEPA-Überweisungen angegeben sein:

* Name des Zahlungsempfängers
* IBAN und BIC des Zahlungsempfängers
* Betrag in Euro und Cent
* Verwendungszweck
* Name des Kontoinhabers (Name, Vorname, ggf. Firma, Ort)
* IBAN des Kontoinhabers.

4.3.1 SEPA-Lastschriften

Bei der SEPA-Lastschrift erteilt der Zahlungspflichtige die Zustimmung zur Abbuchung eines Betrages durch den Zahlungsempfänger als auch den Auftrag an die eigene Bank zur Einlösung der Lastschrift (SEPA-Lastschriftmandat). Der Zahlungsempfänger erteilt seiner Bank den Auftrag, den Betrag bei der Bank des Zahlungspflichtigen abzubuchen. Der Zahlungsempfänger benötigt eine 18stellige Gläubiger-Identifikationsnummer, die bei der Deutschen Bundesbank beantragt werden muss. Des Weiteren wird eine Mandatsreferenz benötigt. Hierbei handelt es sich um ein vom Zahlungsempfänger vergebendes Kennzeichen, das bis zu 35 Zeichen lang ist und eine eindeutige Zuordnung des Mandats ermöglicht. Die Mandatsreferenz kann zum Beispiel aus Kundennummer, Rechnungsnummer, etc. zusammengesetzt sein. Gläubiger-Identifikationsnummer und Mandatsreferenz geben dem Zahlungspflichtigen die Möglichkeit, die Abbuchung auf seinem Konto nachzuvollziehen und abzugleichen. Der Zahlungsempfänger ist außerdem verpflichtet, dem Zahlungspflichtigen das Fälligkeitsdatum und den Betrag einer Lastschrift mindestens 14 Tage vor Fälligkeit mitzuteilen. Diese Mitteilung wird auch Pre-Notification genannt. Eine Formvorschrift für die Pre-Notification gibt es nicht. Sie kann per Brief, Fax, E-Mail, Vertrag, Rechnung, SMS o.ä. übermittelt werden. Wichtig ist, dass der Zahlungspflichtige sie mindestens 14 Tage vor der Fälligkeit erhält. Gläubiger-ID, Mandatsreferenz, Datum, Höhe des Betrages und Zahlungstermin (bei wiederkehrenden Lastschriften auch Zahlungsturnus) müssen angegeben sein. Damit soll gewährleistet werden, dass der Zahlungspflichtige dafür sorgen kann, dass zum Fälligkeitszeitpunkt auch genügend Geld auf dem Konto ist.

Übungsfall:

Rechtsanwalt Watzon hat mit Mandant Mustermann einen Beratungsvertrag geschlossen. Mandant Mustermann zahlt ein monatliches Pauschalhonorar in Höhe von 595,00 € brutto. Sie werden von Rechtsanwalt Watzon gebeten, ein SEPA-Lastschriftmandat vorzubereiten. Welche Vorgehensweise schlagen Sie Mandant Mustermann vor?

Lösungsvorschlag:

Mandant Mustermann erteilt ein SEPA-Lastschriftmandat, mit dem Rechtsanwalt Watzon ermächtigt wird, den Betrag in Höhe von 595,00 € vom Konto des Herrn Mustermann abzubuchen, die Bank von Herrn Mustermann erhält gleichzeitig den Auftrag, die Lastschrift einzulösen. Mandant Mustermann erhält spätestens 14 Tage vor Fälligkeit des ersten Betrages von der Kanzlei eine Pre-Notification unter Angabe der Gläubiger-ID, der Mandatsreferenz, der Höhe des Betrages, des Zahlungsdatums und des Zahlungsturnus.

4.3.1.1 Muster Pre-Notification

Das vereinbarte Beratungshonorar in Höhe von 595,00 € ziehen wir mit einer SEPA-Lastschrift zum Mandat Nr. ... zu der Gläubiger-Identifikationsnummer DEZZZ ... von Ihrem Konto IBAN: DE ... bei der XY-Bank, BIC ... jeweils monatlich, beginnend mit dem Monat ... ein. Sollte der Fälligkeitstag auf einen Samstag, Sonntag oder Feiertag fallen, erfolgt der Einzug am nächsten Werktag.

Ändert sich der Abbuchungsbetrag oder der Abbuchungsturnus ist eine neue Pre-Notification erforderlich.

Im SEPA-Lastschriftverfahren wird zwischen der Basislastschrift und der Firmenlastschrift unterschieden. Die Basislastschrift kann sowohl von Verbrauchern als auch von Unternehmern genutzt werden, während die Firmenlastschrift ausschließlich zwischen Unternehmern eingesetzt werden kann.

4.3.1.2 Checkliste SEPA-Lastschrift

✓ SEPA-Lastschriftmandat (bei Neuverträgen)
✓ Eindeutige Mandatsreferenz (vom Gläubiger zu erstellendes bis zu 35 Zeichen langes Kennzeichen zur eindeutigen Zuordnung des Mandats)
✓ Gläubiger-Identifikationsnummer des Lastschrifteinreichers (zu beantragen bei der Deutschen Bundesbank)
✓ Pre-Notification (Mitteilung von Fälligkeit und Betrag mind. 14 Tage vor Fälligkeit)
✓ Meldepflicht für Auslands-Lastschriften über 12.500,00 € an Deutsche Bundesbank (Ausnahme Fremdgeld)

4.3.1.3 Widerruf von SEPA-Lastschriften

Der Vorteil des SEPA-Lastschriftverfahrens ist, dass der Zahlungspflichtige sich nicht um die Zahlung kümmern muss und dass er die Lastschrift widerrufen kann. Der Widerruf ist ohne Angabe von Gründen bis zu acht Wochen nach der Belastung (bei nicht autorisierten Lastschriften 13 Monate) möglich. Bei der Firmenlastschrift ist eine Rückgabe nicht möglich. Der Vorteil für die Kanzlei liegt beim Lastschrifteinzug darin, dass der Zeitpunkt der Zahlung vom Rechtsanwalt gesteuert wird.

4.4 Online-Banking

Bankgeschäfte lassen sich auch unabhängig von Filialen oder Öffnungszeiten über Datenleitungen durch den Einsatz von Computern oder Smartphones abwickeln, was unter den Sammelbegriff „Electronic Banking" fällt. Über das Internet oder die Direkteinwahl bei der Bank erhält der Bankkunde Zugriff auf den Bankrechner. Dies geschieht entweder durch ein browserbasiertes Internetbanking, bei dem der Zugriff über die Website der Bank oder durch die Verwendung eines Onlinebanking-Programms erfolgt. Beim Einsatz eines Onlinebanking-Programms werden die Daten zunächst offline vorbereitet, danach wird eine Netzverbindung zum Bankrechner aufgebaut und die vorbereiteten Daten übermittelt.

Beim Einsatz des Onlinebankings sind aus Sicherheitsgründen zur Anmeldung die PIN (Persönliche Identifikationsnummer) und für die Überweisung eine TAN (Transaktionsnummer) erforderlich. Die Banken haben verschiedene TAN-Verfahren im Einsatz. Einige Banken arbeiten über chipTAN, photoTAN oder pushTAN.

Beim **chipTAN**-Verfahren wird zur Generierung einer TAN ein QR-Code bzw. Farbmatrixcode vom Bildschirm mit einem TAN-Generator ausgelesen. Durch die beiden voneinander getrennten Geräte soll die höchste Sicherheit garantiert werden.

Im **photoTAN**-Verfahren wird eine farbige Grafik auf der Bildschirmseite erzeugt. Diese wird nach Öffnen der photoTAN-App auf dem Smartphone oder ggf. einem Lesegerät gescannt. Auf dem Display des Smartphones erscheinen die wichtigsten Transaktionsdaten zur Prüfung sowie die TAN, die nur für diese Transaktion gültig ist.

Beim **pushTAN**-Verfahren z.B. erhält man die TAN über eine spezielle App direkt auf das Smartphone oder Tablett. So kann man von einem einzigen Gerät aus sicher auf das Online-Banking zugreifen und die TAN anfordern. Ein zusätzliches Gerät ist nicht mehr nötig.

> **Beispiele:** Rechtsanwalt Watzon hat von seiner Bank für das Online-Banking eine PIN und die weiteren erforderlichen Zugangsdaten per Brief erhalten. Gleichzeitig hat er die nötige App zum photoTAN-Verfahren auf seinem Smartphone heruntergeladen. Er möchte den Rechnungsbetrag eines Lieferanten bezahlen. Er ruft die Seite seiner Bank auf, meldet sich mit seiner PIN an und gibt die Empfängerdaten und den Betrag für die Überweisung an. Nachdem die farbige Grafik auf der Bildschirmseite erzeugt wurde, scannt Rechtsanwalt Watzon diese mit seinem Smartphone und kann die hierdurch erzeugte TAN eingeben und die Überweisung freigeben.

Möglich ist auch, dass der Kunde sich per Chipkarte anmeldet bzw. legitimiert. Bei diesem Verfahren (HBCI = Homebanking Computer Interface) ist ein HBCI-Chipkartenleser erforderlich. Die Übermittlung der Daten erfolgt verschlüsselt.

4.5 Kartenzahlungen

Im bargeldlosen Zahlungsverkehr werden häufig EC-Karten (Electronic Cash), Geldkarten oder Kreditkarten eingesetzt. In vielen Geschäften werden Terminalgeräte eingesetzt, die auch als POS (Point of Sale) bezeichnet werden. Bei einer POS-Zahlung verfügt der Zahlungsempfänger über ein Terminal, der Zahlungspflichtige besitzt eine Karte (Kreditkarte, EC-Karte). Bei der Bezahlung wird die Karte durch den Terminal gezogen und der Zahlungspflichtige authentifiziert sich durch Eingabe seiner persönlichen Identifikationsnummer (PIN), woraufhin der Zahlungsbetrag dem Zahlungsempfänger gutgeschrieben wird. Die Belastung erfolgt bei der Zahlung mit EC-Karte auf dem Girokonto des Zahlungspflichtigen, bei Zahlung mit der Kreditkarte über die Abrechnung des Kreditkarteninstituts. Eine Autorisierungszentrale prüft die PIN; die Echtheit der Karte, die Deckung des Kontos oder ggf. eine Sperre desselben. Anschließend erfolgt die endgültige Belastung. Dieses System funktioniert auch online. Hier wird das Terminalgerät jedoch von einem virtuellen Terminal ersetzt.

Häufig wird im Handel auch das elektronische Lastschriftverfahren (ELV) eingesetzt, bei dem aus dem Magnetstreifen der Bankkundenkarte (Debitkarte) die Bankdaten des Kunden vom Händlerterminal ausgelesen werden. Hierdurch wird eine Lastschrift generiert, die durch die Unterschrift des Karteninhabers bestätigt wird. Über den Netzbetreiber werden die Lastschriftdateien dann zur Verrechnung bei der Bank eingereicht. Für den Händler ist dieses Verfahren zwar grundsätzlich etwas kostengünstiger als das Electronic Cash-Verfahren, allerdings erhält der Händler auch keine Zahlungsgarantie, das heißt wenn das Konto des Kunden nicht gedeckt ist, geht die Lastschrift zurück. Die Netzbetreiber führen jedoch eigene Sperrdateien, auf die der Händler in der Regel gegen Gebühr zugreifen kann.

Bei der Geldkarte handelt es sich um ein elektronisches Portemonnaie. Es ermöglicht die bargeldlose Zahlung kleinerer Beträge ohne Authentifizierung (PIN oder Unterschrift). Die Bezahlung erfolgt mittels auf dem Kartenchip gespeicherten Guthabens. Es gibt zwei Varianten der Geldkarte. Die Girokontokarte mit Geldkartenfunktion (kontogebundene Geldkarte) und die kontounabhängige Geldkarte, auch „White Card" genannt. Bei der kontogebundenen Geldkarte wird das eigene Konto mit dem Betrag belastet, der auf den Chip der Geldkarte gespeichert wird. Bei der White Card kann die Karte am Bankschalter gegen Barzahlung aufgeladen werden. Bei einigen Terminals ist auch das Aufladen der White Card mittels einer Girocard möglich. In diesem Fall wird ebenfalls das Girokonto des Kunden mit dem Betrag belastet, der auf die Geldkarte geladen wurde. Außerdem können sowohl die kontengebundene als auch die White Card über das Internet aufgeladen werden. Es können bis maximal 200,00 € auf den Chip der Geldkarte gespeichert werden.

Die Geldkarte kann zur Bezahlung bei jedem Händler eingesetzt werden, der die Geldkarte akzeptiert. Der Händler erhält von seinem Zahlungsprovider eine Händlerkarte, die das Gegenstück zur Geldkarte bildet. Bei Zahlung mit der Geldkarte wird die Karte durch das Zahlungsterminal des Händlers gezogen und vom Kunden durch Tastendruck bestätigt. Eine Authentifizierung findet nicht statt. Wenn der Karteninhaber bei Ausstellung der Geldkarte das 18. Lebensjahr vollendet hat, wird das Volljährigkeitsmerkmal auf der Karte gespeichert.

Übungsfall:

Matthias Holms, 16 Jahre, möchte am Zigarettenautomaten mit seiner Geldkarte Zigaretten kaufen. Die Geldkarte weist ein Guthaben von 75,80 € auf.

Ist der Kauf möglich?

Lösungsvorschlag:

Matthias wird mit seiner Geldkarte keine Zigaretten kaufen können, da auf seiner Geldkarte kein Volljährigkeitsmerkmal gespeichert ist.

Der Verlust einer Geldkarte gleicht dem Verlust einer Geldbörse. Ein Ersatz ist nicht möglich. Ein Dieb oder unehrlicher Finder kann die Geldkarte einsetzen und das Guthaben aufbrauchen.

> **Übungsfall:**
>
> **Matthias Holms, 16 Jahre, findet die Geldkarte seines Vaters, die ein Guthaben von 25,40 € aufweist. Bekommt er die Zigaretten am Automaten?**
>
> **Lösungsvorschlag:**
>
> Matthias wird die Zigaretten am Automaten bekommen, da die Karte seines Vaters ein Volljährigkeitsmerkmal enthält.

4.6 Verrechnungsscheck

Bei Verwendung von Verrechnungsschecks erteilt der Bankkunde seiner Bank eine unbedingte Zahlungsanweisung, nämlich gegen Vorlage des Schecks einen bestimmten Betrag an einen Dritten auszuzahlen. Beim Scheck handelt es sich um ein Wertpapier, das der Aussteller mit dem Namen des Zahlungsempfängers versieht. Der Empfänger reicht den Scheck bei seiner Bank ein, die den Scheckbetrag vorläufig dem Konto des Vorlegenden gutschreibt. Anschließend legt die Bank des Zahlungsempfängers den Scheck bei der Ausstellerbank (auch „Bezogener" genannt) zur Verrechnung vor. Die bezogene Bank belastet das Konto des Ausstellers, sofern ein entsprechendes Guthaben vorhanden ist. Nach Eingang der Zahlung bei der Empfängerbank wird der Scheckbetrag dem Konto des Empfängers endgültig gutgeschrieben. Sollte das Guthaben bei der bezogenen Bank nicht ausreichen, wird die Bank die Einlösung des Schecks ablehnen, der Scheck „platzt".

Ein Scheck muss den Anforderungen des Scheckgesetzes (ScheckG) entsprechen und folgende Bestandteile enthalten:
- Bezeichnung „Scheck"
- Name des bezogenen Kreditinstituts
- Name des Zahlungsempfängers
- zu zahlender Geldbetrag in Worten und Ziffern
- Unbedingte Anweisung, eine gestimmte Geldsumme zu zahlen
- Ausstellungstag
- Ausstellungsort
- Unterschrift des Ausstellers.

Der Einsatz von Schecks ist in der Rechtsanwaltskanzlei nicht unüblich. Im Bereich von Fremdgeldweiterleitungen wird häufig mit Schecks gearbeitet.

Für Schecks bestehen Fristen, innerhalb derer sie beim Kreditinstitut vorgelegt werden müssen, sogenannte Vorlage- oder Vorlegungsfristen. Diese betragen ab Ausstellungsdatum:

8 Tage	für Inlandsschecks
20 Tage	für Schecks aus dem europäischen Ausland
70 Tage	für Schecks aus dem sonstigen Ausland

> **Übungsfall:**
>
> Sie arbeiten als Rechtsanwaltsfachangestellte/r in der Kanzlei Dr. Holms und Watzon und haben eine Gutschrift auf dem Bankkonto der Kanzlei über 957,00 € erhalten in Sachen Mustermann ./. Mustermann. Mit diesem Betrag überweist die Gegenseite den noch rückständigen Unterhalt Ihrer Mandantin. Über diesen Betrag sollten Sie der Mandantin einen Verrechnungsscheck schicken.
>
> **Welche Bestandteile muss der Scheck enthalten?**
>
> **Lösungsvorschlag:**
>
> Der Scheck muss die Bezeichnung Scheck mit Zusatz „nur zur Verrechnung", den Namen der bezogenen Bank, den Namen des Zahlungsempfängers (Name Mandantin), den zu zahlenden Geldbetrag in Worten und Ziffern (957,00 €, i.W.: neunhundersiebenundfünfzig Euro), die unbedingte Anweisung zur Zahlung des Betrages, den Ausstellungsort und das -datum und die Unterschrift von Dr. Holms oder Watzon enthalten.

5.
Achtung Auslandszahlungen

Zahlungen der Kanzlei ins Ausland oder Zahlungen aus dem Ausland, die 12.500,00 € übersteigen müssen von der Kanzlei an das Bundesamt gemeldet werden. Dies gilt für Überweisungen, Daueraufträge, Verrechnungsschecks oder Lastschriften. Hiervon ausgenommen sind Fremdgeldzahlungen. Zunächst ist es erforderlich, eine Meldenummer bei der Bundesbank zu beantragen und anschließend mit der Meldenummer eine online-Meldung abzugeben. Hierzu sind Formulare bei der Bundesbank abrufbar. Die Meldung (Z 4) ist bis zum 7. Tag nach Ablauf des Kalendermonats in elektronischer Form bei der Bundesbank einzureichen.

6.
Aufgaben der Buchführung

Die Buchführung ist eine Zeitrechnung, die Informationen über die Vermögenslage der Kanzlei liefert. Dies geschieht durch die lückenlose und systematische Aufzeichnung aller Geschäftsvorgänge anhand von Belegen. Sie stellt eine zahlenmäßige Erfassung des gesamten Kanzleigeschehens dar und dient der Ermittlung der Bestände an Vermögen und Schulden und des wirtschaftlichen Erfolgs der Kanzlei. Außerdem kann sie Beweiszwecke erfüllen (Finanzamt, Gericht) und Informationsquelle (z.B. für Gläubiger und Banken) sein. Die Buchführung zeigt Veränderungen an Vermögen und Schulden und ist Grundlage zur Berechnung von Steuern. Unternehmen, die verpflichtet sind, Jahresabschlüsse (Bilanz, Gewinn- und Verlustrechnung) zu erstellen, dient die Buchführung der Erfüllung der handels- und steuerrechtlichen Buchführungspflichten. Die Buchführung nimmt den wichtigsten Platz im betrieblichen Rechnungswesen ein. Man spricht auch von Finanz- oder Geschäftsbuchhaltung.

7.
Buchführungspflicht des Rechtsanwalts

Handelsrechtlich besteht für den Rechtsanwalt bzw. die Rechtsanwaltssozietät keine Buchführungspflicht, da der Rechtsanwalt kein Kaufmann ist, sondern einen freien Beruf ausübt. Etwas anderes gilt für die Rechtsanwalts-GmbH, deren Buchführungspflicht sich aus § 238 i.V.m. §§ 1 ff. HGB ergibt. Die GmbH ist Kaufmann i.S. des HGB und damit auch buchführungspflichtig, bleibt jedoch nachstehend unberücksichtigt.

Steuerrechtlich ergibt sich eine Buchführungspflicht aus den §§ 140 und 141 Abgabenordnung (AO).

§ 140 AO besagt, dass wer nach anderen Gesetzen als den Steuergesetzen Bücher und Aufzeichnungen zu führen hat, die für die Besteuerung von Bedeutung sind, die ihm nach anderen Gesetzen obliegenden Verpflichtungen auch für die Besteuerung zu erfüllen hat. Da der Rechtsanwalt jedoch nach anderen Gesetzen keine Bücher zu führen hat, entfällt eine Buchführungspflicht nach § 140 AO.

§ 141 AO verpflichtet insbesondere gewerbliche Unternehmer sowie Land- und Forstwirte unter bestimmten Voraussetzungen zur Buchführung. Da der Rechtsanwalt jedoch einen freien Beruf ausübt, trifft ihn auch nach § 141 AO keine Buchführungspflicht.

Übungsfall:

Sie arbeiten als Rechtsanwaltsfachangestellte/r in der Rechtsanwaltssozietät Dr. Holms & Watzon in München. Ist die Kanzlei zur Buchführung verpflichtet?

Lösungsvorschlag:

Die Kanzlei Dr. Holms & Watzon ist weder nach Handelsrecht zur Buchführung verpflichtet, denn sie ist weder Kaufmann im Sinne des HGB, noch ist sie steuerrechtlich buchführungspflichtig. Die AO regelt die Buchführungspflicht lediglich für Unternehmer, die bereits nach anderen Gesetzen buchführungspflichtig sind sowie für bestimmte Gewerbetreibende und Land- und Forstwirte unter besonderen Voraussetzungen. Die Sozietät ist weder nach anderen Gesetzen buchführungspflichtig, noch ist sie Gewerbetreibende oder Land- und Forstwirt. Rechtsanwälte üben einen freien Beruf aus, auch wenn sie sich in einer Sozietät zusammengeschlossen haben, deshalb sind sie weder nach Handels- noch nach Steuerrecht buchführungspflichtig.

Da die Einkünfte des Rechtsanwalts aus freiberuflicher Tätigkeit jedoch der Einkommensteuer unterliegen und der Rechtsanwalt im Sinne des Umsatzsteuergesetzes als Unternehmer gilt, ist er verpflichtet, Aufzeichnungen zur Feststellung der Grundlagen der Berechnung seiner Umsatzsteuer und seines Gewinns zu machen.

In der Gestaltung dieser Aufzeichnungen ist der Rechtsanwalt weitestgehend frei. Allerdings ergibt sich bereits aus § 145 II AO, dass die Aufzeichnungen so beschaffen sein müssen, *„dass der Zweck, den sie für die Besteuerung erfüllen sollen, erreicht wird"*.

Der Rechtsanwalt muss seinen Gewinn nicht per Betriebsvermögensvergleich (Bilanz), sondern kann diesen durch die sog. Einnahmen-Überschussrechnung (EÜR) ermitteln. Der Gewinn des Rechtsanwalts ergibt sich demnach durch den Überschuss der Betriebseinnahmen über die Betriebsausgaben. Die Ermittlung des Gewinns per Einnahmen-Überschussrechnung (geregelt in § 4 III EStG) kann allerdings nur dann erfolgen, wenn der Rechtsanwalt zumindest Belege sammelt.

Belege sind die Voraussetzung für eine ordnungsgemäße Buchführung, da sie der Dokumentation für alle Geschäftsvorfälle dienen. Eingangsrechnungen, Ausgangsrechnungen, Quittungen und Kontoauszüge sind Belege und zweckmäßigerweise in einem „Belegordner" abzuheften.

Der Rechtsanwalt wird jedoch ein eigenes Interesse daran haben, sich jederzeit einen Überblick über seine wirtschaftliche Situation verschaffen zu können und schon deshalb freiwillig seine Einnahmen und Ausgaben aufzeichnen.

Wie er diese Aufzeichnungen gestaltet, ist davon abhängig, welche Auswertungen er aus den Aufzeichnungen erhalten will. In aller Regel wird er an dem wirtschaftlichen Ergebnis seiner Arbeit, sprich: seinem Gewinn interessiert sein und mit Hilfe der Aufzeichnungen sein Einkommen ermitteln. Die Buchführung dient ihm zur Kontrolle seines Kanzleiablaufes (z.B. zur Kontrolle der Wirtschaftlichkeit seiner Tätigkeit), der Übersicht über eingehende und ausgehende Zahlungen (insbesondere über die Fremdgelder), verschafft ihm einen Überblick über die Einnahmen aus anderen Tätigkeiten und ist Grundlage zur Ermittlung seiner Steuern.

8.
Aufzeichnungspflichten des Rechtsanwalts

Der Rechtsanwalt muss – zur Ermittlung der Umsatzsteuer – seine Honorare aufzeichnen, unerheblich, ob sie aus seiner Tätigkeit als Rechtsanwalt oder aus Nebentätigkeiten resultieren. Außerdem muss er Aufzeichnungen über seine Ausgaben führen. Diese Verpflichtung ergibt sich aus **§ 22 UStG**, der in Abs. I S. 1 Folgendes besagt:

„Der Unternehmer ist verpflichtet, zur Feststellung der Steuer und der Grundlagen ihrer Berechnungen Aufzeichnungen zu machen."

Den Aufzeichnungen muss auch der Vorsteuerbetrag zu entnehmen sein, der von der Umsatzsteuerschuld im Rahmen des sog. „Vorsteuerabzugs" abgezogen wurde.

Außerdem treffen den Rechtsanwalt noch folgende weitere Aufzeichnungspflichten im Rahmen der Buchführung:

Er hat einen Abschreibungsplan zu erstellen, der seine abnutzbaren beweglichen Wirtschaftsgüter, deren Anschaffungskosten (netto) sowie deren Nutzungsdauer enthält. Mit diesem Plan sind die sog. „Absetzungen für Abnutzung", auch „AfA" genannt, zu ermitteln. Der Abschreibungsplan weist alle beweglichen Wirtschaftsgüter aus, deren Anschaffungswert über 1.000,00 € (bzw. 800,00 €) netto beträgt und deren „gewöhnliche Nutzungsdauer" sich auf mehr als ein Jahr erstreckt.

Zu den weiteren Aufzeichnungspflichten gehört das Verzeichnis über nicht abnutzbare Wirtschaftsgüter gem. § 4 III 5 EStG. Dies kann z.B. in Frage kommen, wenn der Rechtsanwalt die Kanzlei auf seinem eigenen Grundstück unterhält.

Eine weitere Aufzeichnungspflicht trifft den Rechtsanwalt, wenn er Mitarbeiter beschäftigt. In diesem Fall ist er verpflichtet, Lohnkonten zu führen. Dies schreiben § 41 I EStG und § 4 LStDV vor.

§ 41 EStG lautet auszugsweise:

„Der Arbeitgeber hat am Ort der Betriebsstätte (Absatz 2) für jeden Arbeitnehmer und jedes Kalenderjahr ein Lohnkonto zu führen. In das Lohnkonto sind die nach § 39e Absatz 4 Satz 2 und Absatz 5 Satz 3 abgerufenen elektronischen Lohnsteuerabzugsmerkmale sowie die für den Lohnsteuerabzug erforderlichen Merkmale aus der vom Finanzamt ausgestellten Bescheinigung für den Lohnsteuerabzug (§ 39 Absatz 3 oder § 39e Absatz 7 oder Absatz 8) zu übernehmen. Bei jeder Lohnzahlung für das Kalenderjahr, für das das Lohnkonto gilt, sind im Lohnkonto die Art und Höhe des gezahlten Arbeitslohns einschließlich der steuerfreien Bezüge sowie die einbehaltene oder übernommene Lohnsteuer einzutragen …"

Außerdem muss er die Lohnsteuer seiner bei ihm beschäftigten Arbeitnehmer einbehalten und an das zuständige Finanzamt abführen (§ 41a I 1 Nr. 1 und 2 EStG).

Zusammenfassend ist festzuhalten, dass der Rechtsanwalt eine Reihe von Aufzeichnungspflichten zu beachten hat:

Er muss

- seinen Gewinn durch Einnahmen-Überschussrechnung ermitteln (§ 4 III EStG); hierzu muss er zumindest Belege sammeln;
- seine Einnahmen und Ausgaben zur Ermittlung der Umsatzsteuer aufzeichnen (§ 22 UStG);
- seine Umsatzsteuererklärung abgeben (Voranmeldung § 18 I UStG und Jahreserklärung, § 18 III UStG);
- seine Einkommensteuererklärung abgeben (§ 56 EStDV);
- Abschreibungspläne für nicht abnutzbare und abnutzbare Wirtschaftsgüter erstellen;
- Lohnkonten führen (§ 41 EStG);
- die Lohnsteuer für seine Arbeitnehmer anmelden und abführen (§ 41a EStG).

Über diese Verpflichtungen hinausgehende freiwillige Aufzeichnungen verhindern eine Schätzung der Besteuerungsgrundlagen, ermöglichen es dem Rechtsanwalt, sich jederzeit einen Überblick über den Stand seines Vermögens und seiner Schulden zu verschaffen, seinen Gewinn zu ermitteln und Kosten- und Leistungsrechnungen im Rahmen unternehmerischer Entscheidungsfindungen zu erstellen. Sie können als Beweismittel bei Rechtsstreitigkeiten mit Lieferanten, Mandanten, Behörden und Kreditinstituten dienen. Entscheidet sich der Rechtsanwalt zur freiwilligen Buchführung, ob manuell oder edv-gestützt, muss er die Grundsätze der ordnungsgemäßen Buchführung beachten.

9.
Grundsätze ordnungsgemäßer Buchführung (GoB) und Speicherbuchführung (GoS)

Eine ordnungsgemäße Buchführung muss so geführt sein, dass sie fälschungssicher, vollständig und wahr ist und von einem sachverständigen Dritten (z.B. Steuerberater oder Betriebsprüfer) innerhalb eines angemessenen Zeitraumes nachvollzogen werden kann.

Die wichtigsten der in Deutschland gültigen Grundsätze ordnungsgemäßer Buchführung (GoB) sind im Bilanzrichtliniengesetz vom 19.12.1985 festgelegt. Diese Grundsätze haben sich im Laufe der Zeit gebildet, um eine zweckmäßige Gestaltung des Rechnungswesens sicherzustellen. Nicht alle sind gesetzesmäßig festgelegt, viele dieser Grundsätze finden sich jedoch in § 239 HGB und § 146 AO.

Die wichtigsten GoB/GoS

Die wichtigsten Grundsätze ordnungsgemäßer Buchführung (GoB) bzw. ordnungsgemäßer Speicherbuchführung (GoS) können wie folgt zusammengefasst werden:
- Alle Geschäftsvorfälle werden wahr, zeitnah und geordnet (chronologisch) gebucht;
- Geschäftsvorfälle werden lückenlos gebucht;
- Kassenveränderungen sollen täglich aufgezeichnet werden;
- die Seiten der Aufzeichnungen werden mit fortlaufenden Zahlen versehen;
- wesensgleiche Posten dürfen nicht miteinander verrechnet werden (z.B. Mieteinnahmen und Mietausgaben, Forderungen und Verbindlichkeiten);
- sofern Abkürzungen, Symbole, Ziffern und Buchstaben verwendet werden, müssen diese eindeutig sein;
- es muss eine lebende Sprache verwandt werden, der Jahresabschluss ist in deutscher Sprache zu erstellen; die Währung des Jahresabschlusses ist Euro;

- ursprüngliche Buchungen dürfen nicht unkenntlich gemacht oder gelöscht werden, d.h. für die Aufzeichnungen dürfen weder Bleistift oder Tipp-Ex verwendet werden;
- Korrekturen erfolgen als Stornobuchungen;
- es dürfen keine Freiräume zwischen den Aufzeichnungen gelassen werden, damit nachträgliche Eintragungen unmöglich werden;
- werden Buchungen auf Datenträger aufgezeichnet, müssen diese jederzeit lesbar gemacht werden können, z.B. per Monitor oder Drucker;
- ein edv-gestütztes FiBu-Programm muss zuverlässig sein;
- die Datensicherzeit und Datenwiedergabe muss bei einer edv-gestützten Buchhaltung gewährleistet werden;
- Grundbuch, Hauptbuch und Nebenbücher dürfen auf Datenträgern aufbewahrt werden (10 Jahre);
- Bilanz und Gewinn- und Verlustrechnung müssen in ausgedruckter Form aufbewahrt werden (10 Jahre).

Der wohl wichtigste und bekannteste Grundsatz lautet:

Keine Buchung ohne Beleg bzw. kein Beleg ohne Buchung.

Verstöße gegen die GoB oder GoS führen unter Umständen zu einer Schätzung des Gewinns und damit zur Schätzung der Steuer, zu empfindlichen Geldbußen und im Extremfall sogar zur Verhaftung.

Diese Vorschriften gelten sowohl für den nach Handelsrecht buchführungspflichtigen Kaufmann als auch für den lediglich aufzeichnungspflichtigen Rechtsanwalt. Der Rechtsanwalt muss darauf achten, dass seine Aufzeichnungen so geführt werden, dass der steuerlich beabsichtigte Zweck erreicht werden kann.

Übungsfall:

Sie verwalten die Kanzleikasse der Kanzlei Dr. Holms und Watzon. Ihre Kollegin hatte den Auftrag, 2 kg Kaffee für die Kanzlei im Supermarkt zu kaufen. Sie hat hierfür 21,96 € bezahlt. Die Quittung hat sie im Supermarkt vergessen. Welche Möglichkeiten haben Sie in Bezug auf den Beleg?

Lösungsvorschlag:

Entweder geht die Kollegin zurück in den Supermarkt, um den Beleg zu holen oder es wird ein Eigenbeleg über 21,96 € erstellt. Allerdings ist aus dem Eigenbeleg kein Vorsteuerabzug möglich.

10.
Aufgaben der Buchführung in der Anwaltskanzlei

Die Buchführung erfüllt die verschiedensten Zwecke. Die wichtigsten Funktionen der Buchführung sind:

Steuerlich:
- Ermittlung des Gewinns
- Ermittlung der Einkommensteuer
- Ermittlung des Umsatzes
- Ermittlung der Umsatzsteuer
- Erstellung der Umsatzsteuervoranmeldung
- Lohnbuchhaltung für Kanzleipersonal

Betriebswirtschaftlich:
- jederzeitige Darstellung der Finanzlage einer Kanzlei
- Darstellung von Kosten- und Erlösstatistiken

Berufsspezifisch:
- jederzeitige Darstellung der Fremdgelder.

11.
System der doppelten Buchführung

Doppelte Buchführung bedeutet, dass von einem Geschäftsvorfall immer mindestens zwei Konten betroffen sind, wobei bei einem Konto im Soll, bei dem anderen im Haben gebucht wird. Wenn Sie beispielsweise Geld vom Geschäftskonto abheben, um ihren Kassenbestand aufzufüllen, sind von diesem Geschäftsvorfall zwei Konten betroffen, nämlich die Konten „Bank" und „Kasse". Natürlich können auch mehr als zwei Konten betroffen sein, z.B. beim Kauf von Fachliteratur. Bei diesem Geschäftsvorfall sind drei Konten betroffen, nämlich das Konto „AVK", das Konto „Vorsteuer" und (vorausgesetzt Sie zahlen bar) das Konto „Kasse". Bei jedem Geschäftsvorfall wird mindestens ein Konto im Soll, mindestens ein anderes Konto im Haben gebucht. Für den Fall, dass – wie beim Beispiel „Fachliteraturkauf" – mehr als zwei Konten betroffen sind, muss die Summe aller Soll-Buchungen der Summe aller Haben-Buchungen entsprechen. Die Konten müssen ausgeglichen sein.

Soll und Haben

Jedes Konto hat zwei Seiten, bei der Zu- und Abgänge einander gegenübergestellt werden. In der manuellen Buchführung wird auf sog. „T-Konten" gebucht:

Soll	Haben

Die linke Seite eines Kontos heißt „Soll", die rechte Seite „Haben".

Durch die Geschäftsvorfälle kommt es zu Mehrungen (Zugänge) oder Minderungen (Abgänge), d.h. zu Veränderungen auf einem Konto.

Ein Buchungssatz wird gebildet, in dem man zuerst das Konto nennt, in dem im Soll und anschließend das Konto, in dem im Haben gebucht wird. Verbunden werden die Konten mit dem Wort „an".

Übungsfall:

Rechtsanwalt Watzon hebt vom Bankkonto 500,00 € ab und legt das Geld in die Kasse.

Lösungsvorschlag:

Der Buchungssatz lautet: Kasse 500,00 € an Bank 500,00 €

Beim Abschluss eines jeden Kontos müssen beide Seiten ausgeglichen sein, das bedeutet, dass die Addition der Haben-Seite des Kontos den gleichen Betrag ergeben muss, wie die Addition der Soll-Seite des Kontos. Dies erreicht man dadurch, dass man aus dem Anfangsbestand eines Kontos sowie den Zugängen und Abgängen den Endbestand (Saldo) ermittelt.

12.

Bilanz

Um sicher entscheiden zu können, auf welchem Konto im Soll und auf welchem im Haben zu buchen ist, muss man sich zunächst das „Endprodukt" der Buchführung ansehen – die Bilanz. Die Bilanz stellt die Vermögens- und Schuldensituation des Unternehmers zum Jahresende in Kurzform dar. Dies geschieht auf Grundlage der vom Unternehmer durchgeführten Inventur. Die Bilanz ist allerdings gleichzeitig auch das „Anfangsprodukt" der Buchführung, da sie bereits bei Beginn des Geschäftsbetriebes aufgestellt werden muss.

13.
Inventur Bilanz/Inventur

Jeder Kaufmann ist verpflichtet bei Einrichtung seines Geschäftsbetriebes (auch bei Übernahme oder Auflösung eines solchen) sowie einmal jährlich eine Bestandsaufnahme seines Vermögens und seiner Schulden durchzuführen. Diese Bestandsaufnahme nennt man Inventur. Die Verpflichtung zur Durchführung der Inventur ergibt sich handelsrechtlich aus § 240 HGB, steuerrechtlich aus den §§ 140, 141 AO.

Bei der Inventur werden zu einem bestimmten Stichtag (auch „Bilanzstichtag" genannt) alle Vermögenswerte und Schulden eines Unternehmens erfasst. In der Regel ist der 31.12. eines Kalenderjahres der Bilanzstichtag, es sei denn, das Wirtschaftsjahr eines Unternehmens weicht vom Kalenderjahr ab, dann ist der letzte Tag des Wirtschaftsjahres maßgeblich.

Dies kann durch die körperliche Erfassung (also durch Zählen, Messen, Wiegen oder – falls nicht möglich – Schätzen) oder bei nicht körperlichen Gegenständen durch buchhalterische Aufzeichnungen erfolgen. Im letzten Fall spricht man auch von der Buchinventur.

Die Ergebnisse der Inventur werden anschließend in ein Verzeichnis aufgenommen, das „Inventar" genannt wird. Dort sind alle Vermögensgegenstände nach Menge, Art und Wert in Listenform aufgeführt. Auf Grundlage des Inventars erstellt das Unternehmen dann die Bilanz. In der Bilanz werden die Vermögensgegenstände in Kontenform dargestellt.

14.
Ablaufschema Bilanz

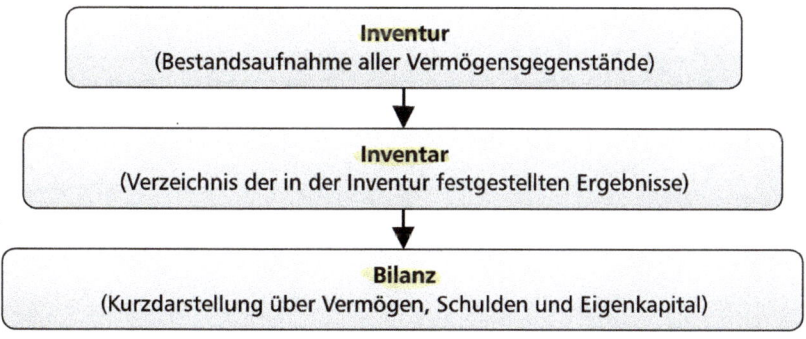

31

Auf welcher Seite der Bilanz welche Konten stehen, ist gesetzlich vorgeschrieben. Um das System der doppelten Buchführung zu verstehen, ist es zweckmäßig, den Aufbau der Bilanz zu kennen.

15.
Aufbau der Bilanz

Die zwei Seiten der Bilanz heißen „Aktiva" (= Vermögen) und „Passiva (= Kapital). Die Sollseite wird auch die Seite der Mittelverwendung, die Habenseite auch die Seite der Mittelherkunft genannt. Das heißt, die Aktivseite der Bilanz gibt an, wie die Mittel im Unternehmen eingesetzt sind, während die Passivseite darstellt, woher die Mittel für die im Unternehmen eingesetzten Vermögenswerte kommen.

Aktiva	Passiva
Langfristige Vermögenswerte	Langfristiges Kapital
= Anlagevermögen	= Eigenkapital
	= Langfristiges Fremdkapital
Kurzfristige Vermögenswerte	Kurzfristiges Kapital
= Umlaufvermögen	= Kurzfristiges Fremdkapital

Das Konto, auf dem die Darstellung der Vermögens- und Schuldenkonten und des Eigenkapitals erfolgt, nennt man Schlussbilanzkonto (SBK). Auf diesem Konto werden die Schlussbestände aller Vermögens- und Schuldenkonten erfasst und durch die Differenz von Vermögen und Schulden das Eigenkapital, also das Vermögen, das nicht mit fremden Mitteln (z.B. Darlehen) finanziert ist, ermittelt.

Übungsfall: Berechnung des Eigenkapitals

Rechtsanwalt Holms stellt Ihnen folgende Zahlen der Kanzlei zur Verfügung:

Praxisausstattung	145.000,00 €
PKW	35.000,00 €
Hypo Vereinsbank	11.300,00 €
Postbank	2.400,00 €
Kasse	435,00 €
Darlehen	24.500,00 €
Fremdgeld	35.400,00 €

Ermitteln Sie die Höhe des Eigenkapitals der Kanzlei.

Lösungsvorschlag:

Schritt 1:

Wir übertragen die Daten in das Schlussbilanzkonto (SBK):

Soll			Haben
PA	145.000,00 €	Darl.	24.500,00 €
PKW	35.000,00 €	FG	35.400,00 €
HVB	11.300,00 €		
PB	2.400,00 €		
Kasse	435,00 €		

Schritt 2:

Durch Addition der wertmäßig größeren Seite (Soll) erhalten wir die Summe 194.135,00 €.

Soll			Haben
PA	145.000,00 €	Darl.	24.500,00 €
PKW	35.000,00 €	FG	35.400,00 €
HVB	11.300,00 €		
PB	2.400,00 €		
Kasse	435,00 €		
Summe	**194.135,00 €**	**Summe**	

Schritt 3:

Wenn wir von dieser Summe jetzt die wertmäßig kleinere Seite (Haben) abziehen, haben wir die Differenz und damit das Eigenkapital ermittelt.

Soll			Haben
PA	145.000,00 €	Darl.	24.500,00 €
PKW	35.000,00 €	FG	35.400,00 €
HVB	11.300,00 €	EK	134.235,00 €
PB	2.400,00 €		
Kasse	435,00 €		
Summe	**194.135,00 €**	**Summe**	**194.135,00 €**

15.1 Bestandskonten

Entsprechend der Bilanz stehen die Anfangsbestände der Konten im „Soll", die die Mittelverwendung (also das Vermögen) darstellen, die Anfangsbestände der Konten, die die Mittelherkunft (also die Verbindlichkeiten und das Eigenkapital) des Rechtsanwalts darstellen, stehen im „Haben". Da diese Konten die Bestände an Vermögen und Schulden wiedergeben, nennt man sie auch „Bestandskonten". Die Aktivseite der Bilanz gibt also den Bestand des Vermögens wieder, während die Passivseite der Bilanz Aufschluss darüber gibt, woher die Mittel für die Vermögenswerte kommen (Eigen- oder Fremdkapital). Die Bestandskonten unterteilen sich – abgeleitet aus der Bilanz – in aktive und passive Bestandskonten, kurz: Aktivkonten und Passivkonten.

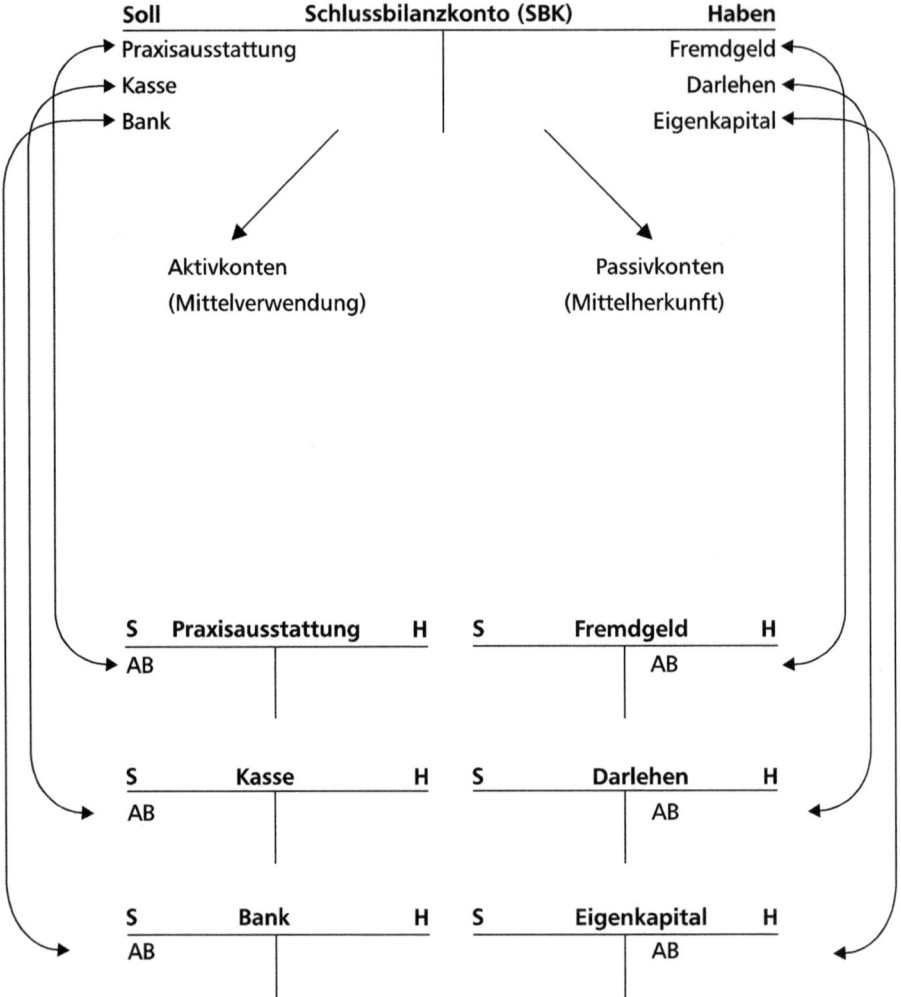

Bei den Aktivkonten werden der Anfangsbestand und die Zugänge (Mehrungen) auf der Sollseite gebucht, bei Passivkonten auf der Habenseite.

Die Abgänge und der Endbestand (EB) werden bei den Aktivkonten auf der Habenseite, bei den Passivkonten auf der Sollseite gebucht.

S	Aktivkonten	H	S	Passivkonten	H
AB		Abgänge	Abgänge		AB
Zugänge		EB	EB		Zugänge

15.2 Bilanzveränderungen

Jeder Geschäftsvorfall verändert die Bilanz. Insgesamt werden vier Möglichkeiten der Bilanzveränderung unterschieden:

15.2.1 Aktivtausch

Von einem Aktivtausch spricht man dann, wenn von einem Geschäftsvorfall nur Positionen (Bestandskonten) betroffen sind, die auf der Aktivseite der Bilanz stehen.

Wenn der Rechtsanwalt beispielsweise 500,00 € vom Bankkonto für die Kasse abhebt, werden die Positionen „Kasse" und „Bank" berührt, die auf der Aktivseite der Bilanz stehen. Der Kassenbestand nimmt um 500,00 € zu, das Bankkonto in gleicher Weise ab. An der Bilanzsumme ändert sich durch diesen „Tausch" nichts.

15.2.2 Passivtausch

Wenn ein Geschäftsvorfall lediglich zwei Positionen betrifft, die auf der Passivseite der Bilanz stehen, betrifft, spricht man von einem Passivtausch. Wenn z.B. ein kurzfristiges Darlehen in ein langfristiges Darlehen umgewandelt wird, nimmt das kurzfristige Darlehen ab, das langfristige Darlehen in gleicher Höhe zu. Dieser „Tausch" betrifft nur die Passivseite der Bilanz, wirkt sich aber nicht auf die Bilanzsumme aus.

15.2.3 Aktiv-Passiv-Mehrung

Von einer Aktiv-Passiv-Mehrung spricht man dann, wenn die Aktiv- und die Passivseite der Bilanz zunehmen.

Wenn auf dem Bankkonto der Kanzlei für unseren Mandanten vom Gegner 5.000,00 € Fremdgeld eingeht, nehmen die Positionen „Bank" (Aktivseite der Bilanz) und „Fremdgeld" (Passivseite der Bilanz) jeweils um 5.000,00 € zu. Die Bilanzsumme verändert sich.

15.2.4 Aktiv-Passiv-Minderung

Eine Aktiv-Passiv-Minderung liegt dann vor, wenn sowohl die Aktiv- als auch die Passivseite der Bilanz abnimmt. Wenn der Rechtsanwalt das Fremdgeld in Höhe von 5.000,00 € an den Mandanten per Banküberweisung weiterleitet, nimmt die Position „Bank" (Aktivseite Bilanz) um 5.000,00 € ab. Die Position „Fremdgeld" (Passivseite Bilanz) verringert sich ebenfalls um diesen Betrag (sprich: die Schulden des Rechtsanwalts gegenüber seinen Mandanten nehmen ab). Die Bilanzsumme verändert sich.

Abschluss über SBK	
Aktivkonten	**Passivkonten**
z.B.	z.B.
Bank	Darlehen
Kasse	Fremdgeld
Anderkonto	Eigenkapital
Praxisausstattung	
Fahrzeuge/Fuhrpark	
Sammelposten-GWG	
Vorgelegte Kosten (kann Aktiv- oder Passivkonto sein)	

Das Schlussbilanzkonto stellt zwar eine Übersicht über die Vermögenslage eines Unternehmens zu einem bestimmten Zeitpunkt („Stichtagsaufnahme") dar, gibt jedoch keinen Aufschluss darüber, ob ein Gewinn oder Verlust erwirtschaftet wurde. Ein Gewinn erhöht das Eigenkapital, ein Verlust mindert es.

Um systematisch alle Geschäftsvorfälle zu erfassen, die Einfluss auf den Gewinn oder den Verlust des Anwalts haben, brauchen wir eine weitere Kontenart: die Erfolgskonten.

16.
Erfolgskonten

Die Erfolgskonten teilen sich auf in Aufwands- und Ertragskonten und werden über das Konto „GuV" (Gewinn und Verlust) abgeschlossen.

Die Aufwandskonten zeichnen die Betriebsausgaben auf (z.B. Raumkosten, Personalkosten, Reisekosten, Kfz-Kosten, AVK, Zinsaufwand, etc.). Auf den Ertragskonten werden die Betriebseinnahmen (Honorar, Einnahmen aus Nebentätigkeit, Einnahmen aus Hilfsgeschäften und Zinserträge) gebucht.

Abschluss über G.u.V.	
Ertragskonten z.B.	**Aufwandskonten** z.B.
Honorar	Personalkosten
Einnahmen aus Nebentätigkeit	Raumkosten
Einnahmen aus Hilfsgeschäften	KFZ-Kosten
Zinserträge	Versicherungen
	Reisekosten
	Zinsaufwendungen
	AfA
	AVK (oft als Sammelkonto für die nachstehenden Konten verwendet)
	Geschenke Geschäftsfreunde
	Geschenke an Mitarbeiter
	Bewirtungskosten
	Berufliche Fortbildung
	Porti
	Fachliteratur
	Büromaterial
	Kosten des Zahlungsverkehrs
	Beiträge
	Versicherungen

Auf dem GuV-Konto erfolgt die Ermittlung des Gewinns (oder des Verlustes). Dies geschieht dadurch, dass die Erfolgskoten über das GuV-Konto abgeschlossen werden. Saldiert man dann das GuV-Konto ergibt sich der Gewinn oder Verlust. Gewinn oder Verlust wirken sich wiederum auf das Eigenkapital aus. Der Abschluss des GuV-Kontos erfolgt daher über das Konto Eigenkapital.

17.
Steuern in der Rechtsanwaltskanzlei

In der Rechtsanwaltskanzlei begegnen uns verschiedene Steuerarten. Hier sind insbesondere die Einkommensteuer und die Umsatzsteuer zu nennen. Die Einkünfte von Rechtsanwälten unterliegen der Einkommensteuer. Die Einkommensteuer wird von natürlichen Personen mit Wohnsitz in Deutschland erhoben. Hierzu zählen auch Partnerschaftsgesellschaften oder Gesellschaften bürgerlichen Rechts (Sozietäten). Anstelle der Einkommensteuer werden bei den juristischen Personen (Rechtsanwalts-GmbH; Rechtsanwalts-AG) sowohl Gewerbesteuer als auch Körperschaftssteuer fällig. Die Umsatzsteuer ist – unabhängig von der Rechtsform – von allen Rechtsanwälten zu berücksichtigen, da sie als Unternehmer im Sinne des Umsatzsteuergesetzes gelten („Unternehmer ist, wer eine gewerbliche oder berufliche Tätigkeit selbstständig ausübt", § 2 UStG). Im Rahmen dieses Buches werden die praxisrelevanten Themen aus den Bereichen der Umsatz- und Einkommensteuer näher dargestellt.

18.
Umsatzsteuer

18.1 System der Umsatzsteuer

Die Umsatzsteuer (im Sprachgebrauch auch „Mehrwertsteuer") ist eine Verbrauchssteuer, die dem Endverbraucher belastet wird. Man spricht beim System der Umsatzsteuer von einer „Nettoallphasenbesteuerung mit Vorsteuerabzug", da in jeder Phase einer Leistungskette (oder Produktionsstufe) der Mehrwert eines Produktes versteuert wird.

Im Verkehr zwischen mehreren Unternehmern sollen diese von einer Umsatzsteuerbelastung wirtschaftlich freigestellt werden. Versteuert wird der Endverbrauch.

Übungsfall:

**Eine Segelmacherei kauft bei einer Weberei Segeltuchleinen zum Preis von 4.000,00 €
zzgl. 19 % USt. und fertigt hieraus zwei Segel. Diese Segel verkauft sie jeweils zum
Preis von 2.500,00 € zzgl. 19 % USt. an einen Bootsverkauf. Der Bootsverkauf verkauft
die Segel jeweils zum Preis von 3.000,00 € zzgl. 19 % USt. an private Käufer.**

**Auf jeder Produktionsstufe ist das Segeltuch, bzw. sein weiterverarbeitetes Produkt
(Segel) mehr wert geworden. Dieser Mehrwert ergibt sich aus der Differenz zwischen
Nettoeinkaufs- und Nettoverkaufspreis. Der Mehrwert des Segeltuches wird versteuert.**

Lösungsvorschlag:

Schritt 1:

Die Weberei verkauft dem Segelmacher das Segeltuchleinen für 4.000,00 € zzgl. 19 %
USt., was einem Betrag von 760,00 € entspricht. Dieser Betrag wird von der Weberei an
das Finanzamt überwiesen.

Schritt 2:

Der Segelmacher, der das Segeltuchleinen für 4.000,00 €, zzgl. 19 % USt. (= 760,00 €) gekauft hat, fertigt hieraus 2 Segel und verkauft diese an einen Bootsbauer zum Preis von 5.000,00 € zzgl. 19 % USt. (= 950,00 €). Eigentlich müsste er 950,00 € an das Finanzamt überweisen, da er zum Vorsteuerabzug berechtigt ist, darf er von seiner Steuerschuld (also den 950,00 €) jedoch die Steuer abziehen, die ihm von anderen Unternehmen in Rechnung gestellt worden ist (also die 760,00 €). Die Differenz in Höhe von 190,00 € muss er noch an das Finanzamt bezahlen. Zu der gleichen Steuerschuld kommt man, wenn man den Mehrwert (Differenz zwischen Einkaufs- und Verkaufspreis) versteuert. Das Segel ist durch den Verkauf des Segelmachers 1.000,00 € mehr wert geworden. 19 % von 1.000,00 € entsprechen der Steuerschuld des Segelmachers, also 190,00 €.

Schritt 3:

Der Bootsbauer, der die beiden Segel zum Preis von 5.000,00 € zzgl. 19 % USt. (= 950,00 €) gekauft hat, verkauft die beiden Segel nun zum Preis von 6.000,00 €, zzgl. 19 % USt. (= 1.140,00 €) an den Endverbraucher. Auch der Bootsbauer ist zum Vorsteuerabzug berechtigt, deshalb darf auch er von der vereinnahmten Steuer (= 1.140,00 €) die Steuer abziehen, die er selbst bezahlt hat (= 950,00 €) und muss den Differenzbetrag (190,00 €) an das Finanzamt überweisen. Auch beim Bootsbauer gelangt man zu der gleichen Steuerschuld, wenn man den Mehrwert versteuert. Das Segel hat durch den Verkauf eine Wertsteigerung von 1.000,00 € erlangt. Die Steuerschuld des Bootsbauers entspricht 19 % von 1.000,00 €, also 190,00 €.

Schritt 4:

Das Finanzamt erhält folgende Beträge:

von Weberei	760,00 €
von Segelmacherei	190,00 €
vom Bootsbauer	190,00 €
vom Kunden (Endverbraucher)	0 €
Summe	**1.140,00 €**

Dieser Betrag entspricht 19 % vom Endverkaufspreis (6.000,00 €).

	Wert netto	USt.	an Finanzamt
Weberei	4.000,00 €	760,00 €	760,00 €
Segelmacherei	5.000,00 €	950,00 €	190,00 €
Bootsverkauf	6.000,00 €	1.140,00 €	190,00 €
Kunde	6.000,00 €	1.140,00 €	
Summe			**1.140,00 €**

18.2 Umsatzsteuer

Wenn der Rechtsanwalt seinem Mandanten z.B. Honorar in Höhe von 10.000,00 €, zzgl. 19 % USt, (= 1.900,00 €), insgesamt also 11.900,00 € in Rechnung stellt und der Mandant diesen Betrag an den Rechtsanwalt zahlt, muss die vom Mandanten mitbezahlte Umsatzsteuer vom Rechtsanwalt zusammen mit allen anderen vereinnahmten Umsatzsteuerbeträgen eines Monats (bzw. Vierteljahres) nach Abzug der Vorsteuerbeträge an das Finanzamt abgeführt werden.

Die Umsatzsteuer ist die Steuer, die der Rechtsanwalt von seinem Mandanten erhält. Auch das Konto, auf dem wir die Umsatzsteuer buchen, heißt „Umsatzsteuer".

Die Umsatzsteuer fällt immer dann an, wenn ein Unternehmer

- sonstige Leistungen/Lieferungen (§ 3 UStG),
- im Inland (§ 1 UStG),
- gegen Entgelt (§ 1 UStG),
- im Rahmen des Unternehmens (§ 1 UStG)

erbringt, oder

- Privatentnahmen von Gegenständen oder Leistungen zur privaten Nutzung tätigt sowie
- bei der Einfuhr von Gegenständen oder beim innergemeinschaftlichen Erwerb.

Da der Rechtsanwalt im Sinne des Umsatzsteuergesetzes als Unternehmer gilt (§ 2 UStG), ist er grundsätzlich verpflichtet, die Umsatzsteuer auf seine Vergütung zu berechnen. Die Umsätze des Rechtsanwalts unterliegen in der Regel dem vollen Steuersatz (§ 12 I UStG) von derzeit 19 %.

Etwas anderes gilt für Umsätze, die der Rechtsanwalt z.B. aus schriftstellerischer Tätigkeit oder anderen, dem Urheberrechtsgesetz zuzuordnenden Tätigkeiten erzielt. Diese unterliegen gem. § 12 II Ziff. 7c UStG dem ermäßigten Steuersatz von 7 %.

Die auf die Vergütung entfallende Umsatzsteuer darf der Rechtsanwalt seinem Mandanten gemäß Nr. 7008 VV RVG weiterbelasten. Dies gilt sowohl für die gesetzliche als auch die vereinbarte Vergütung.

19.

Vorsteuer

Bei der Vorsteuer handelt es sich auch um die Umsatzsteuer, allerdings um diejenige, die der Rechtsanwalt bezahlt hat. Da er zum Vorsteuerabzug berechtigt ist, darf er die Steuer, die ihm von anderen Unternehmern in Rechnung gestellt wurde, mit seiner eigenen Umsatzsteuerschuld verrechnen.

Voraussetzungen für die Entstehung der Vorsteuer sind:

- Lieferung/sonstige Leistung eines fremden Unternehmens (Lieferanten wie z.B. Hans Soldan GmbH, Viking, etc.),
- Leistung für Unternehmen (also die RA-Kanzlei),
- Rechnung mit gesondertem USt-Ausweis (und den sonstigen Erfordernissen des § 14 UStG)

mit der Rechtsfolge, dass die ausgewiesene Umsatzsteuer als Vorsteuer abzugsfähig ist. Dies ergibt sich aus § 15 UStG.

Allerdings gilt dies nur, solange es sich um betriebsbedingte Umsätze handelt. Werden also nachträglich Sachen oder Leistungen für private Zwecke aus der Kanzlei entnommen, so fällt dafür wieder Umsatzsteuer an. Der Unternehmer ist in dem Moment schließlich Endverbraucher und in Bezug auf die Entnahmen wurde ungerechtfertigterweise Vorsteuerabzug geltend gemacht.

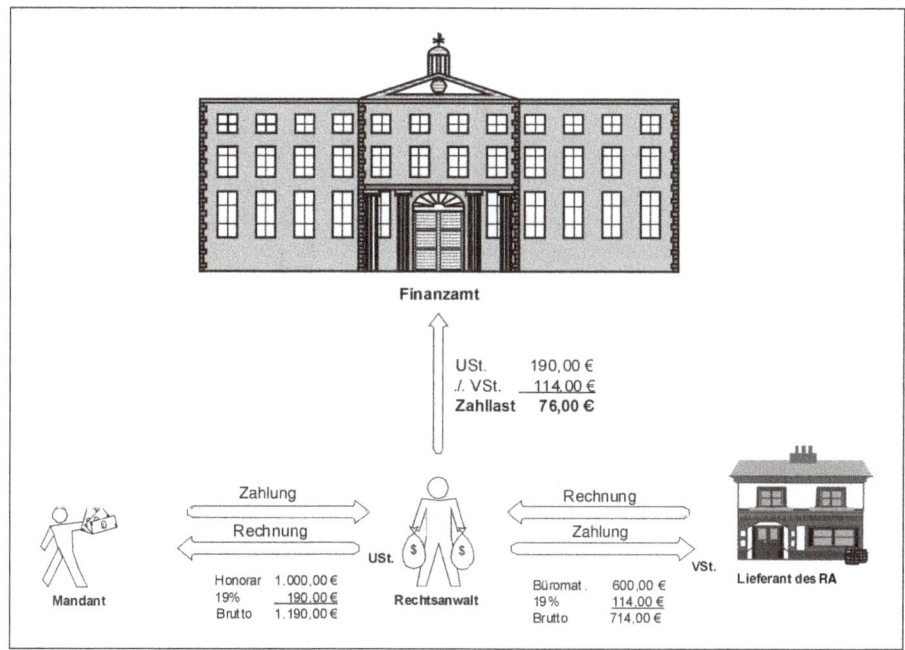

Abbildung: Übersicht »System Vorsteuerabzug Rechtsanwalt«

19.1 Umsatzsteuervoranmeldung/Elektronische Umsatzsteuervoranmeldung

Die ermittelte Zahllast wird an das Finanzamt überwiesen. Der Rechtsanwalt, der keine Dauerfristverlängerung hat, muss die Umsatzsteuervoranmeldung bis zum 10. des jeweiligen Folgemonats (bei monatlicher Umsatzsteuer-Voranmeldung) in elektronischer Form an das Finanzamt übermitteln.

Übungsfall:

Das Konto Umsatzsteuer weist folgende Einträge auf:

Soll		Haben
	Bank	190,00 €
	Postbank	95,00 €
Summe	Summe	

Dem Konto Vorsteuer können Sie folgende Angaben entnehmen:

Soll		Haben
Bank	76,00 €	
Postbank	28,50 €	
Summe		Summe

Ermitteln Sie die Zahllast, die von der Bank an das Finanzamt überwiesen wird.

Lösungsvorschlag:

Schritt 1:

Abschluss des Kontos „Vorsteuer" über das Konto „Umsatzsteuer". Hierzu saldieren wir zunächst das Konto Vorsteuer.

Soll	Vorsteuer	Haben	Soll	Umsatzsteuer	Haben
Bank	76,00			Bank	190,00
Kasse	28,50			Post-bank	95,00
Summe	104,50	Summe	Summe	Summe	285,00

Schritt 2:

Jetzt buchen wir die Vorsteuer auf das Umsatzsteuerkonto. Der Buchungssatz hierzu lautet: **Umsatzsteuer an Vorsteuer – 104,50 €**

Soll	Vorsteuer	Haben	Soll	Umsatzsteuer	Haben
Bank	76,00	104,50	VSt. 104,50	Bank	190,00
Kasse	28,50			Post-bank	95,00
Summe	104,50	Summe 104,50	Summe	Summe	285,00

Schritt 3:

Anschließend saldieren wir das Konto „Umsatzsteuer", der sich ergebende Betrag ist die Zahllast. Der Buchungssatz zum Abschluss des Umsatzsteuerkontos (also der Überweisung der Zahllast) lautet: **Umsatzsteuer an Bank – 180,50 €**

Soll	Vorsteuer	Haben	Soll	Umsatzsteuer	Haben
Bank	76,00	USt. 104,50	VSt. 104,50	Bank	190,00
Kasse	28,50		Bank 180,50	Post-bank	95,00
Summe	104,50	Summe 104,50	Summe 285,00	Summe	285,00

19.2 Erstattungspflichtiger Gegner bei vorsteuerabzugsberechtigtem Mandanten

Ein erstattungspflichtiger Gegner muss dem vorsteuerabzugsberechtigten Mandanten natürlich nur die Nettovergütung des Rechtsanwalts erstatten, da der Mandant seinerseits die Umsatzsteuer aus der Rechnung des Rechtsanwalts als Vorsteuer von seiner Umsatzsteuerschuld abziehen kann. Ihm entsteht deshalb in Höhe der Umsatzsteuer kein Erstattungsanspruch gegen den Gegner.

19.3 Umsatzsteuererklärung

Die Umsatzsteuerjahreserklärung ist gem. § 149 II AO bis spätestens zum 31.05. des Folgejahres abzugeben. Diese Frist kann jedoch auf Antrag verlängert werden.

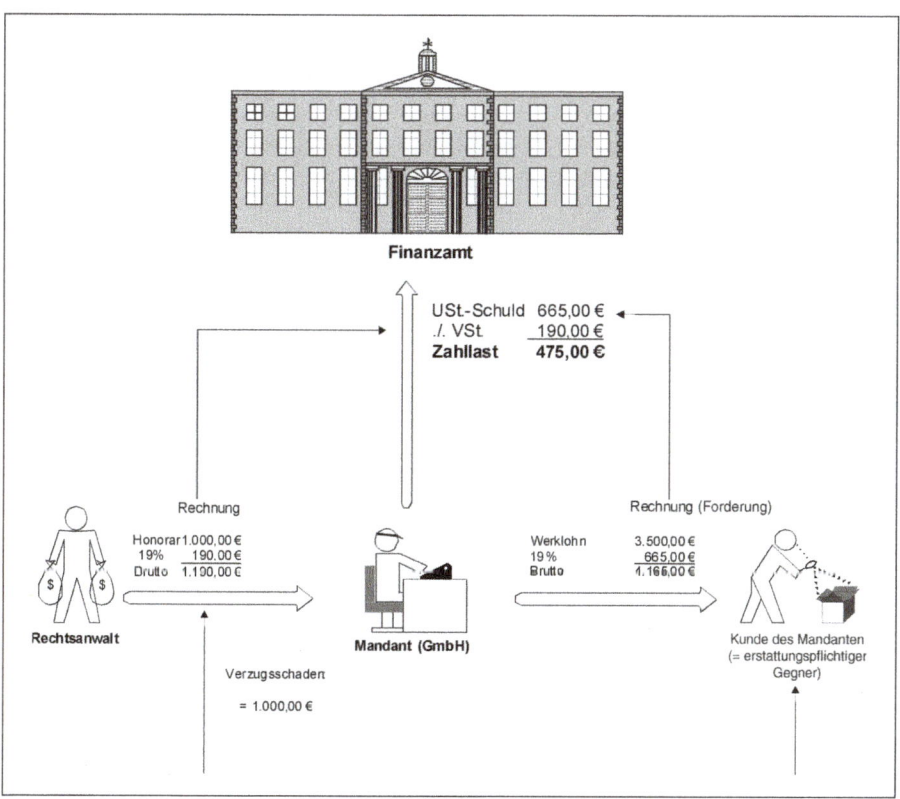

Abbildung: Übersicht »Umsatzsteuer bei erstattungspflichtigem Gegner«

20.
Die Einnahmen des Rechtsanwalts

20.1 Honorar

Rechtsanwälte erhalten für ihre Tätigkeit eine Vergütung. Diese Vergütung, die „Honorar" genannt und den Mandanten in Rechnung gestellt wird, stellt in der Regel die Haupteinnahmequelle einer Rechtsanwaltskanzlei dar. Das entsprechende Konto wird in der Buchhaltung daher auch mit „Honorar" bezeichnet. Es handelt sich um ein Erfolgskonto (Ertragskonto), bei welchem die Zugänge im Haben und die Abgänge im Soll gebucht werden. Der Abschluss des Kontos erfolgt über das Konto „GuV".

20.2 Einnahmen aus Nebentätigkeiten

Einnahmen des Rechtsanwalts, die zwar nicht unmittelbar aus der anwaltlichen Tätigkeit fließen, z.B. für eine Aufsichtsratstätigkeit oder für die Veröffentlichung eines Aufsatzes in einer Fachzeitschrift, werden auf einem gesonderten Konto erfasst, das in der Buchhaltung „Einnahmen aus Nebentätigkeiten" genannt wird. Diese Trennung geschieht aus Gründen der Übersichtlichkeit.

Die Einnahmen aus Nebentätigkeiten unterliegen der Umsatzsteuer. In der Regel fallen hier 19 % USt. an. Die Vergütungen für schriftstellerische oder andere, dem Urheberrechtsgesetz zuzuordnenden Tätigkeiten, unterliegen jedoch dem ermäßigten Steuersatz (derzeit 7 %).

Das Konto „Einnahmen aus Nebentätigkeiten" (EaN) besitzt die gleichen Eigenschaften wie das Konto „Honorar", also Buchung der Zugänge im Haben und der Abgänge im Soll, Abschluss über „GuV".

20.3 Einnahmen aus Hilfsgeschäften

Neben den Honorareinnahmen und den Einnahmen aus Nebentätigkeiten gibt es noch „Einnahmequellen" des Rechtsanwalts, die weder mit seiner beruflichen Tätigkeit noch mit seinen Nebentätigkeiten etwas zu tun haben. Wenn der Rechtsanwalt z.B. einen gebrauchten Schreibtisch verkauft, so handelt es sich um Hilfsgeschäfte des Rechtsanwalts. Da es sich um einen betrieblichen Gegenstand handelt, ist der Verkaufserlös als Betriebseinnahme zu erfassen. Außerdem fällt Umsatzsteuer an. Das entsprechende Konto in der Buchhaltung heißt „Einnahmen aus Hilfsgeschäften" (EaH).

Wie schon das Konto EaN besitzt auch das Konto „Einnahmen aus Hilfsgeschäften" (EaH) die gleichen Eigenschaften wie das Konto „Honorar". Auch hier werden die Zugänge im Haben und die Abgänge im Soll gebucht. Der Abschluss des Kontos EaH erfolgt über das Konto „GuV".

Übungsfall:					
Rechtsanwalt Watzon verkauft einen voll abgeschriebenen Schreibtisch zum Preis vom 450,00 € netto. Der Kaufpreis wird bar bezahlt. Buchen Sie die Einnahme.					
Lösungsvorschlag:					
Buchungssatz:	**Kasse**	535,50 €	an	EaH	450,00 €
			und	USt.	85,50 €

21.
Privatkonto

Das Privatkonto erfasst alle Entnahmen und Einlagen, die nicht „betrieblich veranlasst" sind, sondern den privaten Bereich des Rechtsanwalts betreffen. Da diese Zahlungen häufig über die Konten der Kanzlei abgewickelt werden, müssen sie hier auch buchhalterisch erfasst werden, wozu das Konto „Privat" angelegt wird. Das Privatkonto wird über das Konto Eigenkapital abgeschlossen, da die Privatentnahmen oder -einlagen das Eigenkapital verändern. Auf den Gewinn haben die Entnahmen oder Einlagen des Rechtsanwalts keinen Einfluss. Entnimmt der Rechtsanwalt sich Geld oder Einrichtungsgegenstände, vermindert das das Eigenkapital der Kanzlei. Die Entnahmen des Rechtsanwalts sollten den Gewinn nicht übersteigen, denn sonst vermindert sich das Eigenkapital. Das Privatkonto existiert nicht bei der Rechtsanwalts-GmbH, da eine Kapitalgesellschaft nichts „Privates" hat.

21.1 Privatentnahmen

Privatentnahmen können beispielsweise sein:
- Barentnahmen für die persönliche Lebensführung
- Beiträge für private Versicherungen (z.B. Krankenversicherung)
- Einkommensteuer
- Kirchensteuer
- Miete für Privatwohnung

Der entsprechende Buchungssatz lautet:

Privat an ... (z.B. Bank oder Kasse)

21.2 Privateinlagen

Privateinlagen können sein:
- Geldeinlagen
- Steuererstattungen (z.B. Einkommensteuer)
- Auslagenerstattungen der Krankenkasse

Der Buchungssatz lautet entsprechend:

Bank oder Kasse an Privat

21.3 Eigenverbrauch

Die Entnahme, Verwendung und Nutzung von Praxisgegenständen, Büromaterial, etc. für private Zwecke wird ebenfalls über das Privatkonto gebucht. Hier ist jedoch zu berücksichtigen, dass der Rechtsanwalt für den Eigenverbrauch Umsatzsteuer zu entrichten hat. Der auf den Eigenverbrauch entfallende Steuerbetrag ist demnach auf dem Umsatzsteuerkonto zu buchen:

Privat an … (z.B. AVK)
und Umsatzsteuer

22.
Abschreibungen

Die Anschaffungen die der Rechtsanwalt für seine Kanzlei tätigt, stellen grundsätzlich Betriebsausgaben dar, die in dem Wirtschaftsjahr der Anschaffung berücksichtigt werden. Die Betriebsausgaben werden auf den Aufwandskonten erfasst. Dies gilt allerdings nur, sofern der Rechtsanwalt Praxisgegenstände anschafft, deren Anschaffungs- oder Herstellungskosten unter 250,00 € netto liegen. Sofern er teurere Praxisgegenstände anschafft, darf er die Kosten unter Umständen nicht sofort als Betriebsausgabe absetzen, sondern muss sie auf die gesamte Dauer der Nutzung (in Jahren) verteilen. Diese Verteilung auf die Dauer der Nutzung eines Gegenstandes nennt man „Abschreibung" oder „AfA" (Absetzung für Abnutzung). Das bedeutet, dass die Anschaffung dieser Gegenstände auf einem Bestandskonto erfasst wird und nur der Betrag, der anteilig als Betriebsausgabe abgezogen werden darf, über das Konto „AfA" gebucht wird. Die abzuschreibenden Gegenstände muss der Rechtsanwalt in einem gesonderten Verzeichnis aufführen, dem sog. „Abschreibungsplan". Dieser umfasst neben den Anschaffungskosten netto, dem Rechnungsdatum und der Nutzungsdauer auch die AfA und den Buchwert am Ende des Kalenderjahres. Die Nutzungsdauer ergibt sich aus den amtlichen AfA-Tabellen, die vom Bundesfinanzministerium herausgegeben werden. In Ihren Prüfungsaufgaben ist die Nutzungsdauer jeweils vorgegeben. Im Rahmen dieses Buches können nur die lineare AfA und die GWG-Regelungen behandelt werden.

22.1 Lineare Abschreibung gem. § 7 I EStG

Bei der linearen Abschreibung werden die Anschaffungskosten des Wirtschaftsgutes gleichmäßig (linear) auf die Nutzungsdauer (Anzahl der Jahre) verteilt.

Die Formel für die Ermittlung des linearen Abschreibungsbetrages pro Jahr lautet:

$$\frac{\text{Anschaffungskosten}}{\text{Nutzungsdauer}} = \text{linearer jährlicher AfA-Betrag}$$

Übungsfall:

Sie arbeiten als Rechtsanwaltsfachangestellte/r in der Kanzlei Dr. Holms & Watzon und erhalten den Auftrag, eine Frankiermaschine zu bestellen. Der Kauf erfolgt im Januar zum Preis von 4.000,00 € netto. Die gewöhnliche Nutzungsdauer für Frankiermaschinen beträgt laut aktueller AfA-Tabelle 8 Jahre. RA Watzon möchte von Ihnen wissen, welchen Betrag die Kanzlei jährlich als Betriebsausgabe abziehen kann.

Lösungsvorschlag:

Die Nettoanschaffungskosten sind durch die Nutzungsdauer zu teilen. Der lineare AfA-Betrag beträgt demnach: 4.000,00 € : 8 Jahre = 500,00 €. Die Kanzlei Dr. Holms & Watzon kann jährlich 500,00 € als Betriebsausgabe in Ansatz bringen.

Jahr	AfA-Betrag	Buchwert
Anschaffung		4.000,00 €
Ende des 1. Jahres	500,00 €	3.500,00 €
Ende des 2. Jahres	500,00 €	3.000,00 €
Ende des 3. Jahres	500,00 €	2.500,00 €
Ende des 4. Jahres	500,00 €	2.000,00 €
Ende des 5. Jahres	500,00 €	1.500,00 €
Ende des 6. Jahres	500,00 €	1.000,00 €
Ende des 7. Jahres	500,00 €	500,00 €
Ende des 8. Jahres	500,00 €	0,00 €

Der jeweilige Buchungssatz am Jahresende lautet hierzu:

AfA 500,00 € an Praxisausstattung 500,00 €

Das heißt, der Wert des Gegenstandes hat sich nach Buchung der Abschreibung um den Betrag der jährlichen Abschreibung gemindert. Was übrig bleibt ist der Restwert, der auch Buchwert genannt wird.

Der Abschluss des Kontos Abschreibungen erfolgt über GuV.

Der Buchungssatz bei der Abschlussbuchung am Jahresende lautet entsprechend:

GuV an AfA

22.2 Anteilige Abschreibung

Wäre die Frankiermaschine erst während des Jahres angeschafft worden, z.B. im Mai, hätte sie nur für die Zeit abgeschrieben werden dürfen, in der die Frankiermaschine der Kanzlei (inklusive Anschaffungsmonat) zur Verfügung stand, also nur von Mai bis Dezember und damit acht Monate. Im Jahr der Anschaffung dürften also lediglich 8/12 des AfA-Betrages abgeschrieben werden (333,33 €).

Im Falle eines Verkaufs erfolgt die Abschreibung nur noch zeitanteilig für die ganzen Monate der Nutzung. Bei einem Verkauf am 10. Juni eines Jahres darf also nur noch für fünf Monate abgeschrieben werden, nämlich für die Monate Januar bis Mai. Hier wären also lediglich 5/12 des Abschreibungsbetrages abzusetzen.

22.3 Abgrenzung AVK/GWG/PA

Die Anschaffungs- oder Herstellungskosten von abnutzbaren beweglichen Praxisgegenständen (steuerlich: „Wirtschaftsgütern") können grundsätzlich nur auf ihre Nutzungsdauer verteilt abgeschrieben werden. Ein Wirtschaftsgut kann gem. § 6 II EStG ausnahmsweise dann noch im Jahr der Anschaffung als Betriebsausgabe berücksichtigt werden, wenn es folgende Merkmale aufweist:

- es handelt sich um einen abnutzbaren Praxisgegenstand
- des Anlagevermögens
- mit Anschaffungs- oder Herstellungskosten von nicht mehr als 250,00 € netto und
- der Praxisgegenstand ist zur selbstständigen Nutzung fähig.

Die gesamten Anschaffungs- bzw. Herstellungskosten können im Jahr der Anschaffung unmittelbar als Aufwand (also über AVK) gebucht werden.

Der Buchungssatz hierzu lautet:

AVK und Vorsteuer an Bank, Kasse etc.

Alternativ können die Wirtschaftsgüter, deren Nettoanschaffungskosten 250,00 € nicht überschreiten, auch linear abgeschrieben werden.

22.4 Geringwertige Wirtschaftsgüter

Bei Wirtschaftsgütern, deren Anschaffungs- oder Herstellungskosten über 250,00 € netto liegen, jedoch nicht mehr als 800,00 € bzw. 1.000,00 € netto betragen, handelt es sich um sogenannte geringwertige Wirtschaftsgüter (GWG). Diese können auf verschiedene Art und Weise abgeschrieben werden.

22.4.1 Jahresbezogener Sammelposten gem. § 6 IIa EStG

Sie können in einem jahresbezogenen Sammelposten zusammengefasst und über 5 Jahre linear abgeschrieben werden, § 6 IIa EStG. Das bedeutet, dass für jedes Jahr ein Sammelkonto „GWG-Sammelposten" (Bestandskonto) zu bilden ist, auf das im Laufe des Jahres alle angeschafften GWG mit Nettoanschaffungskosten über 250,00 € bis 1.000,00 € gebucht werden. Am Jahresende steht der Gesamtsaldo des Kontos fest, auf den dann im ersten Jahr und in den vier folgenden Jahren, also insgesamt 5 Jahre lang, jeweils 20 % abgeschrieben werden. Der Buchungssatz am Jahresende lautet:

AfA an GWG-Sammelposten + Jahr

Übungsfall:			
Rechtsanwalt Dr. Holms übergibt Ihnen am 23.01.2020 eine Rechnung über den Kauf eines neuen Aktenschrankes (ND 13 Jahre) zum Nettokaufpreis von 500,00 €. Die Bezahlung erfolgte per Banküberweisung.			
Buchen Sie die Anschaffung nach der GWG-Sammelposten-Methode.			
Lösungsvorschlag:			
GWG Sammelposten 2020	500,00 €		
und Vorsteuer	95,00 €	an Bank	595,00 €

Wurde ein Wirtschaftsgut in den Sammelposten gebucht, haben tatsächliche Veränderungen (z.B. Verlust, Diebstahl, Defekt) auf den Sammelposten keinen Einfluss. Der Sammelposten wird trotzdem weiter abgeschrieben.

Übungsfall:

Rechtsanwalt Dr. Holms verkauft den am 23.01.2020 gekauften Aktenschrank am 15.12.2022 zum Preis von 200,00 € netto. Der Kaufpreis geht auf dem Bankkonto der Kanzlei ein.

a) Wie wurde in den Jahren 2020 – 2022 jeweils am Jahresende gebucht, wenn der Aktenschrank der einzige Posten im GWG-Sammelkonto 2020 war?

b) Buchen Sie den Verkauf des Aktenschranks und den Eingang des Kaufpreises auf dem Bankkonto.

c) Was geschieht im Hinblick auf den Sammelposten?

Lösungsvorschlag:

a) Die Buchung am Jahresende lautete jeweils

AfA	100,00 €	an GWG Sammelposten 2020	100,00 €

b) Den Veräußerungserlös muss RA Holms in voller Höhe als Betriebseinnahme erfassen. Da es sich um einen betrieblich genutzten Gegenstand handelt, muss Rechtsanwalt Holms auch Umsatzsteuer berechnen.

Bank	238,00 €	an EaH	200,00 €
		und USt	38,00 €

c) Der Sammelposten wird nicht ermäßigt, das heißt, die Abschreibung läuft mit jeweils 100,00 € jährlich bis zum Jahre 2024 weiter.

Wenn die Sammelpostenregelung angewandt wird, spielt die Nutzungsdauer der einzelnen Wirtschaftsgüter keine Rolle, ebenso wenig die Tatsache, wann (Monat) das Wirtschaftsgut angeschafft wurde.

22.4.2 Sofortabzug gem. § 6 II EStG

Praxisgegenstände, deren Nettoanschaffungs- (oder Herstellungs-)kosten 800,00 € nicht übersteigen, kann der Rechtsanwalt im Jahr der Anschaffung sofort als Betriebsausgabe abziehen. Hier besteht eine Pflicht zur Aufzeichnung in ein entsprechendes Verzeichnis für Wirtschaftsgüter mit Nettoanschaffungskosten von über 250,00 € bis 800,00 € (Ausnahme: Daten ergeben sich aus der Buchführung).

Teil 1

Übungsfall:

Die Kanzlei Dr. Holms & Watzon, in der sie als Rechtsanwaltsfachangestellte/r beschäftig sind, kauft für Sie einen Bürostuhl, Preis brutto: 427,21 €. Die Zahlung erfolgt per Banküberweisung. Wie buchen Sie, wenn der Gewinn im Anschaffungsjahr möglichst gering ausgewiesen werden soll?

Lösungsvorschlag:

Schritt 1:

Wir ermitteln die Nettoanschaffungskosten des Bürostuhls:

Bürostuhl:	427,21 € × 100 : 119	=	359,00 €

Der Bürostuhl liegt mit 359,00 € Nettoanschaffungskosten sowohl im Bereich der Sammelposten-Regelung gem. § 6 IIa EStG (über 250,00 €, aber nicht über 1.000,00 €) als auch im Bereich des Sofortabzugs gem. § 6 II EStG (da unter 800,00 €). Bei der Sammelpostenregelung würde der Bürostuhl über 5 Jahre abgeschrieben, jährlich wären das 71,80 €, während er beim Sofortabzug gem. § 6 II EStG sofort in voller Höhe als Betriebsausgabe abgezogen werden könnte. Der Sofortabzug wäre daher günstiger, da der Gewinn sich durch die Anschaffung im Anschaffungsjahr um 359,00 € mindern würde.

Schritt 2:

Wir bilden den Buchungssatz:

AVK	**359,00 €**			
und Vorsteuer	**68,21 €**	**an**	**Bank**	**427,21 €**

Für jedes Wirtschaftsgut im gleichen Wirtschaftsjahr gilt die gleiche Regel, d.h. dass die Sammelpostenregelung und der Sofortabzug nicht nebeneinander angewandt werden können.

Entscheidet sich der Rechtsanwalt für die Anwendung des Sofortabzugs gem. § 6 II EStG, muss er alle Wirtschaftsgüter mit Nettoanschaffungskosten von über 800,00 € linear abschreiben. Entscheidet er sich für die Sammelpostenregelung, schreibt er alle Wirtschaftsgüter mit Nettoanschaffungskosten von über 1.000,00 € linear ab.

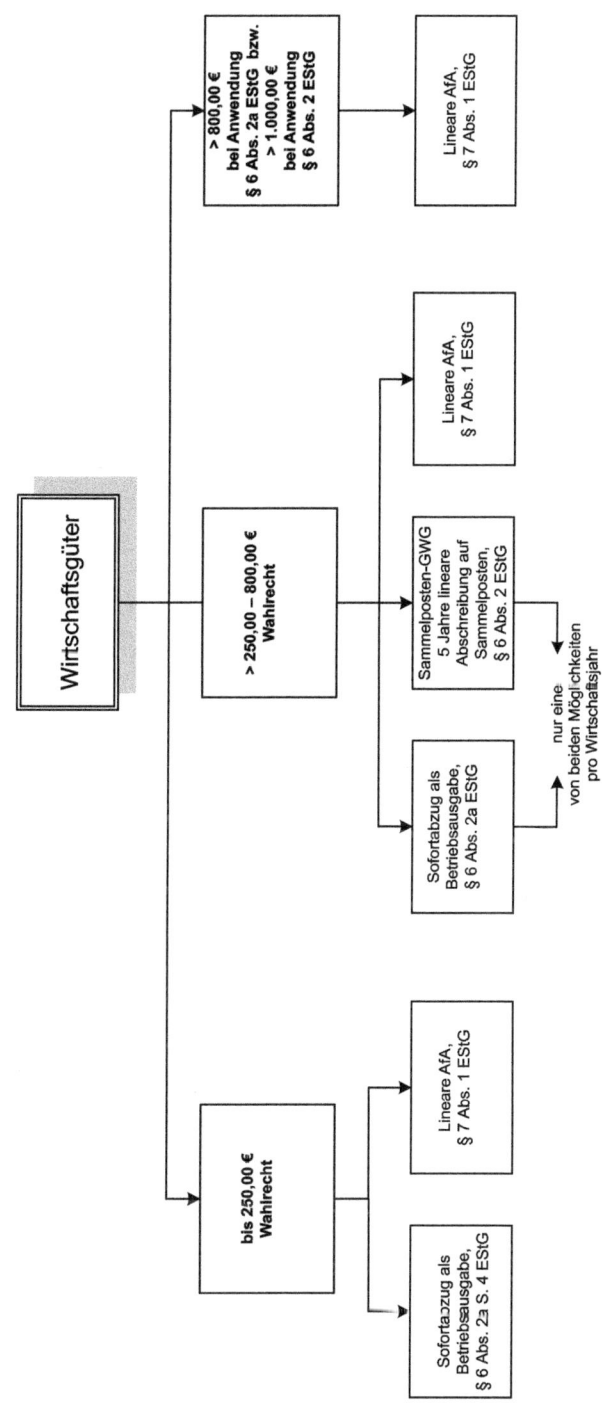

Abbildung: Übersicht GWG-Regelungen

22.4.3 Degressive Abschreibung gem. § 7 II EStG

Im Zweiten Corona-Steuerhilfegesetz der Bundesregierung ist die Wiedereinführung einer degressiven Abschreibung in Höhe von 25 %, höchstens das 2,5-fache der linearen Abschreibung, für bewegliche Wirtschaftsgüter des Anlagevermögens vorgesehen, die in den Jahren 2020 und 2021 angeschafft oder hergestellt werden.

Die Wiedereinführung der degressiven AfA umfasst bewegliche Wirtschaftsgüter des Anlagevermögens, die nach dem 31.12.2019 und vor dem 1.1.2022 angeschafft oder hergestellt worden sind. Für diese Wirtschaftsgüter kann statt der AfA in gleichen Jahresbeträgen (lineare AfA) die degressive AfA beansprucht werden. Die neue Rechtslage entspricht derjenigen, die bereits für Anschaffungen/Herstellungen in der Zeit vom 1.1.2009 bis zum 31.12.2010 gegolten hat.

Die degressive Abschreibung kennt verschiedene Formen. Bei der degressiven AfA nach § 7 Abs. 2 EStG handelt es sich um die sog. degressive Buchwertabschreibung (Abschreibung vom Restwert nach einem gleichbleibenden Abschreibungssatz). Die Jahres-Abschreibungsbeträge sind in den ersten Jahren der Nutzung relativ hoch und werden dann von Jahr zu Jahr geringer.

Anschaffungs- oder Herstellungszeitraum

1.1.2020 – 31.12.2021

Der degressive Abschreibungssatz beträgt

das 2,5-fache der linearen AfA, jedoch maximal 25% (Obergrenze)

der Anschaffungs- oder Herstellungskosten

Bedeutung der degressiven AfA

Die degressive AfA ist sinnvoll, wenn die Wirtschaftsgüter in den ersten Jahren besonders intensiv genutzt werden oder aufgrund technischer oder wirtschaftlicher Entwicklungen schnell an Wert einbüßen werden. Durch Vornahme der degressiven AfA wird der Gefahr der technisch-wirtschaftlichen Überholung Rechnung getragen, die gerade in den ersten Nutzungsjahren zu größeren Verlusten führen kann.

Wahlrecht

Nach § 7 Abs. 2 Satz 1 EStG „kann" der Steuerpflichtige statt der AfA in gleichen Jahresbeträgen, d.h. der linearen AfA nach § 7 Abs. 1 Satz 1 EStG, die AfA nach fallenden Jahresbeträgen – degressiv – bemessen. Die Vorschrift begründet damit ein Wahlrecht, das es dem Steuerpflichtigen erlaubt, bei beweglichen Wirtschaftsgütern des Anlagevermögens die AfA linear nach § 7 Abs. 1 Satz 1 EStG oder degressiv nach § 7 Abs. 2 EStG vorzunehmen. In der Wahl der degressiven AfA-Methode hat der Steuerpflichtige jedoch kein Wahlrecht: Anders als nach den handelsrechtlichen Vorschriften lässt § 7 Abs. 2 Satz 2 EStG ausschließlich die geometrisch-degressive Methode (Buchwert-Abschreibung) zu.

Funktionsweise

Die degressive AfA wird nach § 7 Abs. 2 Satz 2 EStG mit einem gleichbleibenden Prozentsatz von den Anschaffungs- bzw. Herstellungskosten und vom jeweiligen Restbuchwert eines Wirtschaftsguts vorgenommen.

Bei der in §7 Abs. 2 EstG geregelten Abschreibungsmethode berechnet sich der jährliche als Betriebsausgabe abzusetzende Betrag nach fallenden Jahresbeträgen. Übertragen auf unser Beispiel würde das bedeuten, dass der Abschreibungssatz bei linearer Abschreibung 12,5 % % (100 % : 8 Jahre ND) beträgt. Das Zweieinhalbfache dieses Satzes würde 31,25 % betragen, max. jedoch 25 %.

Übungsfall:

RA Watzon bittet Sie, vergleichsweise die degressive Abschreibung für die im Januar erworbene Frankiermaschine auszurechnen.

Lösungsvorschlag:

Der Nettoanschaffungskosten betrug 4.000,00 €, der Abschreibungssatz bei der linearen Abschreibung beträgt 12,5 % (100 % : 8 Jahre). Das Zweieinhalbfache dieses Satzes würde 31,25 % betragen, so dass RA Watzon, wenn er die degressive Abschreibungsmethode wählen würde, hier maximal 25 % des Kaufpreises abschreiben kann/könnte. Die Frankiermaschine würde demnach wie folgt abgeschrieben:

Jahr	AfA-Betrag	Buchwert
Anschaffung		4.000,00 €
Ende 1. Jahr	(4.000,00 € x 25 % =) 1.000,00	3.000,00 €
Ende 2. Jahr	(3.000,00 € x 25 % =) 750,00	2.250,00 €
Ende 3. Jahr	(2.250,00 € x 25 % −) 562,50	1.687,50 €
Ende 4. Jahr	(1.687,50 € x 25 % =) 421,88	1.265,62 €
Ende 5. Jahr	(1.265,62 € x 25 % =) 316,41	949,21 €
Ende 6. Jahr	(949,21 € x 25 % =) 237,30	711,91 €
Ende 7. Jahr	(711,91 € x 25 % =) 177,98	533,93 €
Ende 8. Jahr	(533,93 € x 25 % =) 133,48	400,45 €

Bei beiden Abschreibungsmethoden (linear oder degressiv) ist im Jahr der Anschaffung zu berücksichtigen, dass die Abschreibung nur für die Monate vorgenommen werden darf, in der das Wirtschaftsgut dem Unternehmen zur Verfügung stand. Der Monat der Anschaffung wird hierbei mitgerechnet (Verweisung von §7 Abs. 2 Satz 3 EStG auf §7 Abs. 1 Satz 4 EstG).

23.
Verkauf von Praxisgegenständen

Wenn ein Praxisgegenstand verkauft wird, der linear abgeschrieben wird, muss dies auch aus der Buchhaltung hervorgehen. Damit der Verkauf buchhalterisch erfasst werden kann, benötigen wir zunächst noch ein weiteres Aufwandskonto das „Buchwertabgang" (BWA), oder auch „Ausscheidende Praxisgegenstände" (APG) genannt wird.

Teil 1 Rechnen

Übungsfall:

Rechtsanwalt Watzon kauft am 03.01.2020 einen Schreibtisch zum Preis vom 6.961,50 € brutto. Der Schreibtisch hat eine Nutzungsdauer von 13 Jahren und wird linear abgeschrieben. Zwei Jahre später, am 14.02.2022 verkauft Rechtsanwalt Watzon den Schreibtisch zum Preis von 4.500,00 € netto. Der Kaufpreis wird bar bezahlt.

a) Wie hoch ist der Buchwert zum 14.02.2022?
b) Bilden sie die Buchungssätze für die Geschäftsvorfälle des Jahres 2022.
c) Hat RA Watzon einen Gewinn oder Verlust erzielt?

Lösungsvorschlag:

Der Schreibtisch wird linear abgeschrieben. Bei der Abschreibung wird von den Nettoanschaffungskosten ausgegangen, so dass wir zunächst den Nettopreis errechnen müssen.

Schritt 1:

Der Steuersatz bei der Anschaffung betrug 19 %. Die Berechnung lautet: 6.961,50 : 119 × 100. Der Nettopreis beträgt also: 5.850,00 €. Bei einer Nutzungsdauer von 13 Jahren beträgt die jährliche Abschreibungsrate 450,00 €. Für zwei Jahre wird voll abgeschrieben. Da er den Schreibtisch am 14.02.2022 verkauft hat und dieser damit im Jahre 2022 nur noch für einen vollen Monat (Januar) seinem Betrieb „diente", kann er die Abschreibung für 2022 auch nur anteilig für einen Monat in Ansatz bringen.

2020	450,00 €	
2021	450,00 €	
2022	37,50 €	(NR: 450,00 : 12 = 37,50)

Abschreibungen Gesamt: 937,50 €

Schritt 2:

Nachdem wir den Gesamtbetrag der Abschreibungen berechnet haben, können wir nun den Buchwert des Schreibtisches ermitteln:

	Anschaffungskosten	5.850,00 €
–	Abschreibungen	937,50 €
=	Buchwert	4.912,50 €

Antwort a):

Der Restbuchwert zum 14.02.2022 beträgt 4.912,50 €.

Schritt 3:

Um **Teil b)** zu beantworten, müssen wir uns die Frage stellen, was im Jahre 2022 gebucht wird. Die richtige Antwort hierauf lautet: die anteilige Abschreibung für einen Monat, der Eingang des Kaufpreises für den Schreibtisch und der Buchwertabgang (bzw. das Ausscheiden des Praxisgegenstandes).

Antwort c):

Buchung der Abschreibung:

AfA	37,50 €	an PA	37,50 €

Buchung Zahlungseingang des Rechnungsbetrages:

Kasse	5.355,00 €	an EaH	4.500,00 €
		und USt.	855,00 €

(Anmerkung: Der Verkauf des Schreibtisches unterliegt der Umsatzsteuer zum Umsatzsteuersatz 19 %. NR: 4.500,00 × 19 % = 855,00 €)

Buchung des Buchwertabgangs:

    BWA (APG)   4.912,50 €   an PA   4.912,50 €

Schritt 4:

Jetzt ziehen wir vom Nettoverkaufspreis den buchhalterischen Wert des Schreibtisches (Buchwert) ab und ermitteln so den Gewinn oder Verlust.

Nettoverkaufspreis:	4.500,00 €
abzgl. Buchwert	4.912,50 €
Verlust	– 412,50 €

Antwort c):

Rechtsanwalt Watzon hat einen Verlust von 412,50 € erzielt.

> **Aufpassen:** Die Konten „Buchwertabgang" (BWA) bzw. ausscheidende „Praxisgegenstände" (APG) werden nur gebucht, wenn Gegenstände mit Anschaffungskosten von über 800,00 € bzw. 1.000,00 € die Kanzlei verlassen. Bei den GWG-Sammelposten (Anschaffungskosten von über 250,00 € bis 1.000,00 €) spielt ein Ausscheiden (Verkauf) oder der wirtschaftliche Untergang des Gegenstands (Brand, Wasserschaden, Diebstahl) keine Rolle.

24.
Personalkosten

24.1 Die Lohnsteuer

Die Lohnsteuer ist eine besondere Erhebungsform der Einkommensteuer. Sie betrifft Arbeitnehmer und wird im Rahmen des sog. „Lohnabzugsverfahrens" vom Arbeitslohn einbehalten und vom Arbeitgeber an das Finanzamt abgeführt.

24.2 Lohnabzugsverfahren

Nach § 38 III 1 EStG hat der Arbeitgeber bei jeder Lohnzahlung die Lohnsteuer auf Rechnung des Arbeitnehmers vom Arbeitslohn einzubehalten und an das Finanzamt abzuführen. Der Arbeitgeber muss daher zunächst die zutreffende Lohnsteuer ermitteln und den um die Steuer sowie die Sozialversicherungsbeiträge gekürzten Arbeitslohn an den Arbeitnehmer auszahlen. Er haftet dabei für Fehler sowohl gegenüber dem Finanzamt als auch gegenüber seinem Arbeitnehmer. Steuerschuldner der Lohnsteuer ist der Arbeitnehmer. Dabei entsteht die Steuerschuld in dem Zeitpunkt, in dem der Arbeitslohn dem Arbeitnehmer zufließt.

Aus § 41a EStG ergibt sich, dass der Arbeitgeber spätestens am 10. Tag eines „Lohnsteuer-Anmeldungszeitraums", also in der Regel monatlich, dem Finanzamt gegenüber eine Lohnsteueranmeldung vorzulegen und bis zum gleichen Tag auch die einbehaltene Lohnsteuer abzuführen hat. Die Übermittlung der Lohnsteuer-Anmeldung hat auf elektronischem Weg zu erfolgen, § 41a II EStG. Das Finanzamt kann zur Vermeidung von unbilligen Härten und auf Antrag gestatten, auf die elektronische Übermittlung zu verzichten.

24.3 Voraussetzung für die Einbehaltung von Lohnsteuer

Lohnsteuer ist einzubehalten, wenn ein inländischer Arbeitgeber Arbeitslohn zahlt. Als inländisch ist dabei jeder Arbeitgeber anzusehen, der im Inland entweder einen Wohnsitz, seinen gewöhnlichen Aufenthalt, seine Geschäftsleitung, seinen Sitz, eine Betriebsstätte oder einen ständigen Vertreter hat.

24.4 ELSTAM (Elektronische Lohnsteuer-Abzugsmerkmale)

Beim ELStAM-Verfahren handelt es sich um ein elektronisches Verfahren, bei dem alle persönlichen Besteuerungsmerkmale des Arbeitnehmers über einen Datenpool zum Abruf zur Verfügung gestellt werden. Der Arbeitgeber hat die Pflicht, die Lohnsteuer auf Basis der jeweiligen (individuellen) Lohnsteuerabzugsmerkmale zu berechnen und an das Finanzamt abzuführen. Die Daten ruft der Arbeitgeber aus der ELStAM-Datenbank (oder der Lohnsteuerkarte) ab. Die Daten lassen sich auch aus der Mitteilung des Finanzamts zur Information über die erstmals gespeicherten Daten für den Lohnsteuerabzug aus dem Jahr 2011 entnehmen.

Werden dem Arbeitgeber die Lohnsteuerabzugsmerkmale des Arbeitnehmers durch dessen Verschulden nicht bekannt, wird der Arbeitnehmer in die ungünstigste Steuerklasse (VI) eingestuft. Von Verschulden ist in diesem Zusammenhang dabei auszugehen, wenn der Mitarbeiter dem Arbeitgeber bei Beginn des Arbeitsverhältnisses seine steuerliche Identifikationsnummer und das Geburtsdatum nicht mitteilt oder beim Finanzamt eine Sperrung der Bereitstellung der elektronischen Lohnsteuerabzugsmerkmale beantragt hat.

24.5 Errechnung des Nettogehalts

Das Nettogehalt eines Arbeitnehmers errechnet sich wie folgt:

	Bruttogehalt
abzüglich	Lohnsteuer
abzüglich	Kirchensteuer
abzüglich	Arbeitnehmeranteil gesetzliche Sozialversicherung
=	Nettogehalt

Seit 2021 wird kein Solidaritätszuschlag mehr erhoben, wenn das Einkommen unter 73.000,00 € (Alleinstehende) bzw. 151.000,00 € (Verheiratete) liegt. Das sind rund 90 % der Steuerzahler. Für weitere 6,5 % fällt der Solidaritätszuschlag (Soli) zumindest teilweise weg, daher werden alle hier folgende Berechnungsbeispiele ohne Soli berechnet.

24.6 Die Lohnsteuerklassen

Für die Berechnung der Lohnsteuer ist die Steuerklasse ausschlaggebend. Es werden sechs unterschiedliche Lohnsteuerklassen unterschieden:

Steuerklasse I:

Diese Klasse gilt für ledige und geschiedene Arbeitnehmer sowie für Arbeitnehmer, deren Ehegatten dauerhaft getrennt leben. Gleiches gilt für verwitwete Arbeitnehmer: Nach Ablauf des Jahres, in dem der Partner verstorben ist, und dem Folgejahr, wenn die/der Witwe/r noch nicht wieder geheiratet hat.

Steuerklasse II:

Gilt für nicht verheiratete und dauernd getrennt lebende Arbeitnehmer, in deren Haushalt mindestens ein Kind gemeldet ist.

Steuerklasse III:

Hierunter fallen die verheirateten Arbeitnehmer, von denen ein Ehepartner keinen Arbeitslohn bezieht, oder, wenn beide Ehepartner Einkommen erhalten, aber ein Ehepartner in die Steuerklasse V eingereiht wird.

Die Steuerklasse III gilt auch für verwitwete Arbeitnehmer, im Jahr des Todes des Partners und dem Folgejahr.

Steuerklasse IV:

Steuerklasse IV gilt für diejenigen Arbeitnehmer, die in Steuerklasse III beschrieben wurden, wenn beide Eheleute über eigenes Einkommen verfügen. Hier haben die Eheleute die Wahl, beide in Klasse IV eingruppiert zu werden oder sich für die Kombination III und V zu entscheiden.

Steuerklasse IV-Faktor:

Eheleute können anstelle der Kombination III/V bzw. IV/IV nach dem Anteilsmodell die Besteuerung im Faktorverfahren wählen. Hierzu ist ein Antrag beider Ehegatten erforderlich. Bei diesem Modell soll gewährleistet werden, dass die den Ehegatten zustehenden persönlichen Steuerentlastungen beim Lohnabzug berücksichtigt werden.

Steuerklasse V:

Diese Klasse gilt in Kombination mit der Steuerklasse III. Beide Ehegatten beziehen Einkommen, ein Ehepartner wird der Klasse III zugerechnet.

Steuerklasse VI:

Gilt für Arbeitnehmer, die für mehrere Arbeitgeber tätig sind. Beim ersten Arbeitgeber wird der Arbeitnehmer in die Steuerklasse eingruppiert, die dem steuerlichen Familienstand entspricht. Bei dem zweiten und jedem weiteren Arbeitgeber erfolgt die Einstufung in die Steuerklasse VI. Außerdem werden diejenigen Arbeitnehmer in Steuerklasse VI eingestuft, die dem Arbeitgeber keine Lohnsteuerabzugsmerkmale mitgeteilt haben.

Für die Berechnung der Lohnsteuer gibt es sog. Lohnsteuertabellen, aus der der jeweilige Betrag abzulesen ist. Grundlage ist die gezahlte Bruttovergütung.

24.6.1 Steuerklassenwahl bei Eheleuten

Für eine optimale Wahl der Steuerklassen ist die Höhe des Arbeitslohnes bedeutend. Zur Wahl stehen:

- beide Eheleute in Klasse IV (bzw. IV-Faktor)
- oder die Kombination III und V.

Die Kombination III und V ist so angelegt, dass die einzelnen Steuerabzugsbeträge beider Eheleute zusammengezählt in etwa der erwarteten Jahressteuer entsprechen. Voraussetzung hierfür ist, dass der in Klasse III eingereihte Ehepartner rund 60 % und der in Klasse V eingestufte Partner etwa 40 % des Gesamteinkommens erarbeitet.

Des Weiteren ist es für Eheleute möglich, das Faktorverfahren zu wählen.

Die Lohnsteuer ist immer eine Vorauszahlung, die tatsächliche Steuerschuld wird erst errechnet, wenn eine Lohnsteuererklärung abgeben wird. Mit Bildung der neuen „Ampel-Koalition" kommen umfassende Änderungen des Steuersystems auf die Menschen und Unternehmen zu. Die neue Bundesregierung will die Digitalisierung und Entbürokratisierung vorantreiben. Es soll die Weiterentwicklung der Familienbesteuerung gestärkt werden, mit partnerschaftlicher Verantwortung und wirtschaftlicher Unabhängigkeit mit Blick auf alle Familienformen. So soll beispielsweise die Kombination der Steuerklassen III. und V. in die Steuerklassen IV. Faktor überführt werden. Bei Abschluss dieses Buches war das Ehegattensplitting und die Abschaffung der Steuerklassen in Planung und noch nicht vom Bund verabschiedet.

24.7 Kirchensteuer

Neben der Lohnsteuer muss der Arbeitgeber auch Kirchensteuer vom Gehalt abziehen und innerhalb der gleichen Fristen, die für die Lohnsteueranmeldung gelten, an das Finanzamt abführen. Die Kirchensteuer ist von Bundesland zu Bundesland unterschiedlich (8 % der Lohnsteuer in Bayern und Baden-Württemberg, bzw. 9 % der Lohnsteuer in den anderen Bundesländern).

24.8 Sozialversicherungsbeiträge

Die überwiegende Zahl der Rechtsanwaltsfachangestellten unterliegt der Sozialversicherungspflicht. Die Beiträge für die gesetzliche Sozialversicherung werden bezüglich der

- Krankenversicherung
- Rentenversicherung
- Arbeitslosenversicherung
- Pflegeversicherung

grundsätzlich je zur Hälfte vom Arbeitgeber und Arbeitnehmer und bezüglich der

- Unfallversicherung

voll vom Arbeitgeber entrichtet.

Die Beiträge zur Kranken-, Renten-, Arbeitslosen- und Pflegeversicherung werden in Höhe des vom Arbeitnehmer zu tragenden Hälfteanteils vom Bruttogehalt abgezogen und zusammen mit dem Arbeitgeberanteil (nebst Beitragsnachweis) an die Krankenkasse überwiesen. Der Beitragsnachweis muss bis zum zweiten Arbeitstag vor Fälligkeit der Beiträge an die Krankenkasse (in elektronischer Form) geschickt werden. Fällig werden die Sozialversicherungsbeiträge am drittletzten Bankarbeitstag des Monats, in dem die Beschäftigung ausgeübt worden ist.

24.9 Beitragsbemessungsgrenzen (Stand Oktober 2021)

Die Sozialversicherungsbeiträge werden grundsätzlich nach dem beitragspflichtigen Arbeitsentgelt berechnet. Dies gilt nur bis zur Höhe des Höchstbetrages, der Beitragsbemessungsgrenze. Das heißt, dass darüber liegende Arbeitslöhne nicht unter die Sozialversicherungspflicht fallen.

Die Beitragsbemessungsgrenze beträgt derzeit für

KV/PV 58.050,00 € jährlich bzw. 4.837,50 € monatlich (alte und neue Bundesländer)
RV/AV 85.200,00 € jährlich bzw. 7.100,00 € monatlich (alte Bundesländer) bzw.
            80.400,00 € jährlich bzw. 6.700,00 € monatlich (neue Bundesländer).

24.9.1 Beitragssätze Sozialversicherungen

Die Beiträge zur Renten-, Kranken-, Arbeitslosen- und Pflegeversicherung sind einheitlich und betragen:

	gesamt	Anteil AN	Anteil AG
Rentenversicherung	18,6 %	9,3 %	9,3 %
Arbeitslosenversicherung	2,4 %	1,2 %	1,2 %
Pflegeversicherung (Eltern)	3,05 %	1,52 %	1,525 %
Zuschlag Kinderlose ab 23. Lebensjahr	0,25 %	0,25 %	0,00 %
Krankenversicherung	14,6 %	7,3 %	7,3 %
Zusatzbeitrag zur KV (nur von AN)	krankenkassenindividuell		

Für Sachsen gilt bezüglich der Pflegeversicherung eine Sonderregelung (s.u.).

24.9.2 Beitragssätze Pflegeversicherung

Kinderlose ab dem 23. Lebensjahr, die nach dem 01.01.1940 geboren sind, zahlen einen um 0,25 % erhöhten Beitragssatz. Wer gerade seinen Wehr- oder Zivildienst leistet, ist von der Regelung ausgenommen. Auch Personen, die ihren Lebensunterhalt durch Leistungen des Staates bestreiten (wie z.B. Empfänger von Arbeitslosengeld I oder Arbeitslosengeld II) sind von dem Beitragszuschlag ausgenommen.

24.9.3 Beitragssätze Unfallversicherung

Der Arbeitgeber trägt die Beiträge zur gesetzlichen Unfallversicherung allein. Im Falle der Rechtsanwaltskanzlei ist der Versicherungsträger die Verwaltungsberufsgenossenschaft. Der zu leistende Beitrag des Arbeitgebers wird nach dem Entgelt der Versicherten und dem Grad der Unfallgefahr der Unternehmen berechnet, §§ 153 I, 167 I SGB VII.

24.10 Buchung der Personalkosten

Alle Aufwendungen, die der Rechtsanwalt für sein Personal zu zahlen hat, stellen Personalkosten dar. Hierzu gehören das Bruttogehalt, der Arbeitgeberanteil an der Sozialversicherung, vermögenswirksame Leistungen und die Unfallversicherung.

Der Buchungssatz lautet bei Zahlung jeweils:

Personalkosten an Bank (oder „Postbank", etc.)

24.11 Inhalt des Gehaltskontos

Der Rechtsanwalt ist verpflichtet, für jeden Mitarbeiter ein Lohnkonto (nachfolgend „Gehaltskonto") zu führen. Aus dem Gehaltskonto müssen sich die nachfolgenden Angaben entnehmen lassen:

- Persönliche Daten des Arbeitnehmers
  (Name, Anschrift, Geburtsdatum)
- Angaben aus der Lohnsteuerkarte
  (Steuerklasse, Konfession, Freibeträge, etc.)
- Angaben zur Sozialversicherungspflicht
  (Beitragssatz, Krankenkasse)
- Angaben zur Betriebszugehörigkeit
  (Beginn der Beschäftigung, etc.)
- Zeitraum und Tag der Lohnzahlung
- Höhe der Bezüge im einzelnen (Festgehalt, Provision)
- Höhe der Abzüge im einzelnen (Steuern, Sozialabgaben)
- steuerfreie und sozialversicherungsfreie sonstige Bezüge.

Ein Gehaltskonto muss auch für geringfügig Beschäftigte geführt werden.

Sofern der Rechtsanwalt mehrere Mitarbeiter beschäftigt, muss er neben dem Lohn-(Gehalts-)konto auch eine entsprechende Gehaltsliste führen, in der zusammengefasst Spalten für Bruttogehälter, Lohnsteuer, SolZ, Kirchensteuer, Krankenversicherung, Rentenversicherung, Arbeitslosenversicherung, Pflegeversicherung, vermögenswirksame Leistungen und die jeweiligen Auszahlungsbeträge enthalten sind.

24.12 Gehaltsabrechnung

Übungsfall:

Der Rechtsanwaltsfachangestellte Kunene erhält von seiner Kanzlei ein monatliches Bruttogehalt in Höhe von 2.800,00 €. Er ist kinderlos, 38 Jahre alt und in Steuerklasse I eingestuft. Der Kirchensteuersatz beträgt 8 %. Aus der Lohnsteuertabelle entnehmen Sie, dass bei Steuerklasse I ein Betrag in Höhe von 347,66 € an Lohnsteuer einzubehalten ist. Der Krankenversicherungsbeitrag beträgt 7,3 %, der Zusatzbeitrag des AN 0,6 %.

a) Berechnen Sie das Nettogehalt von Herrn Kunene.
b) Wie hoch sind die Anteile zur Sozialversicherung, die der Arbeitgeber zu überweisen hat?
c) Bilden Sie die Buchungssätze für die Überweisung des Gehalts, der Lohn- u. Kirchensteuer und der Sozialversicherungsbeiträge. Die Überweisung erfolgt jeweils vom Bankkonto der Kanzlei.

Lösungsvorschlag:

Schritt 1:

Aus den Angaben können wir den Solidaritätszuschlag, die Kirchensteuer und die Sozialversicherungsanteile von Herrn Kunene ermitteln:

Berechnung a)

	2.800,00 €	Bruttogehalt
–	347,66 €	Lohnsteuer
–	27,81 €	Kirchensteuer (NR: 8 % aus Lohnsteuer gerundet)
–	260,40 €	Rentenversicherung (NR: 9,3 % aus Bruttogehalt)
–	33,60 €	Arbeitslosenversicherung (NR: 1,2 % aus Bruttogehalt)
–	42,70 €	Pflegeversicherung (NR: 1,525 % – da kinderlos – aus Bruttogehalt)
–	221,20 €	Krankenversicherung (NR: 7,9 % aus Bruttogehalt, NR: 7,3 + 0,6 = 7,9)
	1.866,63 €	**Nettogehalt**

Schritt 2:

Zunächst ermitteln wir jetzt, wie hoch die Arbeitgeberanteile zur Sozialversicherung sind. Von der Renten- und Arbeitslosenversicherung zahlen Arbeitgeber und Arbeitnehmer je die Hälfte (PV 9,3 % und AV 1,2 %). Herr Kunene ist kinderlos, deshalb trägt er 1,525 % der Pflegeversicherung, sein Arbeitgeber 1,275 %. Der Arbeitgeberanteil der Krankenversicherung beträgt 7,3 %. Anschließend ermitteln wir durch Addition der Renten-, Arbeitslosen-, Pflege- und Krankenversicherung den Arbeitnehmer- und Arbeitgeberanteil zur Sozialversicherung.

Berechnung b)

260,40 €	Rentenversicherung
33,60 €	Arbeitslosenversicherung
35,70 €	Pflegeversicherung
221,20 €	Krankenversicherung
550,90 €	**Summe Arbeitgeberanteil**
555,90 €	Arbeitnehmeranteil
+ 550,90 €	Arbeitgeberanteil
1.108,80 €	**Überweisung durch Arbeitgeber**

Schritt 3:

Jetzt bilden wir die Buchungssätze c)

1. Überweisung Gehalt:
   Personalkosten 1.866,63 €   _an Bank   1.866,63 €_
2. Überweisung Lohnsteuer, Kirchensteuer und Solidaritätszuschlag an Finanzamt:

   Personalkosten   378,36 €   _an Bank   378,36 €_
3. Überweisung Sozialversicherungsbeiträge an Krankenkasse:

   Personalkosten 1.108,80 €   _an Bank   1.108,80 €_

24.13 Buchung von Gehaltsvorschüssen

Sofern der Arbeitgeber dem Arbeitnehmer einen Gehaltsvorschuss gewährt, wird dieser ebenfalls über das Konto „Personalkosten" gebucht. Der Buchungssatz für die Vorschusszahlung lautet:

Personalkosten an Bank (oder z.B. Kasse bei Barzahlung)

Bei der Gehaltsabrechnung am Monatsende wird der geleistete Vorschuss vom errechneten Nettobetrag abgezogen.

24.14 Aufmerksamkeiten

Grundsätzlich sind alle Einnahmen des Arbeitnehmers, die ihm im Rahmen seines Dienstverhältnisses zufließen, Arbeitslohn. Eine Ausnahme hiervon sind die Aufmerksamkeiten. Um Aufmerksamkeiten handelt es sich, wenn der Arbeitgeber aufgrund eines persönlichen Ereignisses des Arbeitnehmers Sachleistungen an den Arbeitnehmer erbringt, die auch im gesellschaftlichen Verkehr üblicherweise ausgetauscht werden und zu keiner ins Gewicht fallenden Bereicherung des Arbeitnehmers führen. Diese gehören nicht zum Arbeitslohn. Klassische Beispiele sind Sachzuwendungen, die einen geringen Wert haben (z.B. Blumen, Pralinen, Bücher, CDs, etc.). Wenn der Wert der Aufmerksamkeit 60,00 € (inkl. Mehrwertsteuer) nicht übersteigt, handelt es sich nicht um Arbeitslohn. Übersteigt der Wert die Freigrenze von 60,00 €, ist der gesamte Betrag Arbeitslohn und damit voll lohnsteuer- und sozialversicherungspflichtig. Auch Speisen und Getränke, die der Arbeitgeber seinen Mitarbeitern anlässlich eines außergewöhnlichen Arbeitseinsatzes (Überstunden, Besprechungen) überlässt,

gelten als Aufmerksamkeit. Auch hier gilt eine Freigrenze von 60,00 €. Geldzuwendungen des Arbeitgebers gehören dagegen immer zum Arbeitslohn.

Übungsfall:

Die Rechtsanwaltsfachangestellte Sonnenschein erhält von der Kanzlei Dr. Holms und Watzon anlässlich ihres Geburtstages eine DVD. Der Kaufpreis der DVD beträgt 39,95 €. Liegt steuerpflichtiger Arbeitslohn vor?

Lösungsvorschlag:

Grundsätzlich ist gem. § 2 LStDV alles, was dem Arbeitnehmer aus seinem Dienstverhältnis zufließt, Arbeitslohn. Allerdings liegt eine Sachzuwendung (Aufmerksamkeit) vor, da die DVD aufgrund eines persönlichen Ereignisses gekauft wurde, die DVD zu keiner ins Gewicht fallenden Bereicherung von Frau Sonnenschein führt, das Geschenk im gesellschaftlichen Verkehr üblich ist und der Kaufpreis die Freigrenze von 60,00 € nicht übersteigt, R 19.6 LStR 2021.

25.
Durchlaufende Posten

25.1 Fremdgeld

In der Rechtsanwaltskanzlei ist es üblich, dass für den Mandanten bestimmte Gelder durch einen Dritten (z.B. Gegner, Schuldner, Versicherung, Vertragspartner) auf das Konto des Rechtsanwalts eingezahlt werden.

Wenn der Gegner in Sachen Müller ./. Schmitz den Vergleichsbetrag in Höhe von 5.000,00 € auf das Bankkonto der Kanzlei überweist, stellt dieses Geld für die Kanzlei einen durchlaufenden Posten dar. Das heißt, diese Zahlung wirkt sich nicht auf den wirtschaftlichen Erfolg (Gewinn) der Kanzlei aus, weil sie – sowie sie auf dem Konto der Kanzlei eingegangen ist – an den Mandanten weitergeleitet wird. Das Geld durchläuft das Konto der Kanzlei nur als Zwischenstation und wird dort auf dem Konto „Fremdgeld" gebucht. Im vorgenannten Beispiel lautet der Buchungssatz:

Bank 5.000,00 € an Fremdgeld 5.000,00 €

Die auf dem Buchhaltungskonto „Fremdgeld" (FG) gebuchten Beträge gehören nicht dem Rechtsanwalt, sondern stellen Verbindlichkeiten gegenüber seinen Mandanten dar. Buchhalterisch hat das Fremdgeldkonto den Charakter eines Darlehenskontos, d.h. eines passiven Bestandskontos, bei dem die Zugänge auf der Habenseite, die Minderungen auf der Sollseite gebucht werden.

S	Fremdgeld	H
Abgänge		AB
EB		Zugänge

Leitet der RA Fremdgeld an einen Mandanten durch Banküberweisung weiter, verringert sich die Fremdgeldschuld, außerdem nimmt sein Bankkonto ab, so dass der Buchungssatz lautet:

Fremdgeld an Bank

25.1.1 Grundpflichten des Rechtsanwalts

Der Rechtsanwalt hat schon aus seinem Mandatsverhältnis, aber auch aus seinem Berufsrecht heraus die Pflicht, mit fremden Geldern sorgfältig umzugehen und sie getrennt von seinem eigenen Vermögen zu verwahren. Wenn Honorare auf dem Anderkonto eingehen, sind diese auf das Geschäftskonto des Rechtsanwalts umzubuchen.

Übungsfall:

Sie buchen die Belege für den Monat Januar und stellen fest, dass die gegnerische Versicherung am 05.01. in Sachen Mustermann ./. Musterfirma einen Betrag in Höhe von 4.413,64 € auf das Anderkonto der Kanzlei überwiesen hat. In dieser Zahlung sind auch 413,64 € Honorar inkl. Umsatzsteuer enthalten. Der Fremdgeldbetrag wird von Ihnen am 08.01. an den Mandanten überwiesen.

a) Buchen Sie den Zahlungseingang am 05.01.
b) Welche Buchung veranlassen Sie in Bezug auf das Bruttohonorar?
c) Buchen Sie die Weiterleitung des Fremdgeldes.

Lösungsvorschlag:

a)	Anderkonto	4.413,64 € an	Fremdgeld	4.000,00 €
		und	Honorar	347,60 €
		und	Umsatzsteuer	66,04 €
b)	Bank	413,64 € an	Anderkonto	413,64 €
c)	Fremdgeld	4.000,00 € an	Anderkonto	4.000,00 €

Die BRAO (Bundesrechtsanwaltsordnung) regelt in Bezug auf Fremdgelder, dass diese unverzüglich an den Empfangsberechtigten weiterzuleiten oder auf ein Anderkonto einzubezahlen sind, vgl. § 43a V BRAO. Wenn der Rechtsanwalt seinen berufsrechtlichen und mandatsvertraglichen Verpflichtungen ordnungsgemäß nachkommen will, muss er seine Geschäftskonten regelmäßig auf Fremdgeldeingänge überprüfen. Außerdem muss er sicherstellen, dass sie richtig gebucht und weitergeleitet werden. Können Fremdgelder nicht unverzüglich weitergeleitet werden, muss der Rechtsanwalt sie auf ein Anderkonto umbuchen. Dabei handelt es sich um ein bei der Bank auf den Namen des Rechtsanwalts lautendes Treuhandkonto. Das Anderkonto sollte bei einer Bank eröffnet werden, die dem Einlagensicherungsfonds des Bundesverbandes deutscher Banken angehört.

Der Rechtsanwalt darf grundsätzlich ein Sammelanderkonto (auch „Omnibuskonto" genannt) führen, auf dem in unterschiedlichen Angelegenheiten Zahlungen für verschiedene Mandanten eingehen. Dies gilt jedoch nur, solange für einen einzelnen Mandanten bis maximal einen Monat weniger als 15.000,00 € verwahrt werden. Wird der Betrag von 15.000,00 € überschritten darf das Fremdgeld maximal einen Monat auf dem Sammelanderkonto verwahrt werden, vgl. § 4 Abs. 2 BORA. Anschließend hat die Umbuchung auf ein Einzelanderkonto zu erfolgen. Hiervon kann durch eine Vereinbarung zwischen Rechtsanwalt und Mandanten in Textform abgewichen werden.

Übungsfall:

In einer arbeitsrechtlichen Angelegenheit schließt Rechtsanwalt Dr. Holms im Auftrag seines Mandanten einen Vergleich, wonach die Gegenseite eine Abfindung in Höhe von 45.000,00 € zu zahlen hat. Der Betrag in Höhe von 45.000,00 € wurde dem Geschäftskonto der Kanzlei am 12.12. gutgeschrieben. Die unverzügliche Weiterleitung an den Mandanten ist nicht möglich und kann erst im März des darauffolgenden Jahres erfolgen. Eine Vereinbarung über die Verwahrung zwischen RA Dr. Holms und seinem Mandanten besteht nicht. Sie bearbeiten die Buchhaltung der Kanzlei.

a) Was veranlassen Sie im Hinblick auf den Fremdgeldbetrag?
b) Wie lautet die Buchung hierzu?

Lösungsvorschlag:

a) Der Abfindungsbetrag (Fremdgeld) muss auf ein Einzelanderkonto umgebucht werden, da der Betrag 15.000,00 € überschreitet und länger als einen Monat von der Kanzlei verwahrt wird.
b) (Einzel-)Anderkonto an Bank

Dem Rechtsanwalt wird zwar grundsätzlich zugestanden, dass er nach einem Fremdgeldeingang die Gelegenheit zur Überprüfung bekommen muss, für wen die Gelder bestimmt sind, bevor diese weitergeleitet werden. Gleichzeitig darf er sich hierbei aber nicht unbegrenzt Zeit lassen, sonst verstößt er gegen seine Berufspflichten, was Konsequenzen (Rüge der Rechtsanwaltskammer, anwaltsgerichtliches Verfahren, Verweis, Bußgeld) zur Folge haben kann. Ob eine Weiterleitung von Fremdgeld noch „unverzüglich", also ohne schuldhaftes Zögern, erfolgt ist, wird im Einzelfall zu prüfen sein. Hierbei wird es eine Rolle spielen, ob der Rechtsanwalt Einzelanwalt ist, ob es sich um eine Sozietät oder um eine Großkanzlei handelt. Empfehlenswert ist es, fremde Gelder innerhalb von 3 bis 5 Werktagen weiterzuleiten. Geschieht dies nicht, verstößt der Rechtsanwalt gegen Vertrags- oder Rechtspflichten, was möglicherweise zur Schadenersatzpflicht des Rechtsanwalts führt.

Kritisch wird es, wenn der Rechtsanwalt die Übersicht verliert und er seinen Kanzleibetrieb oder sein Privatleben bereits aus den fremden Geldern finanziert. Dies kann passieren, wenn – wie in der Praxis leider immer noch zu beobachten – kein Anderkonto für fremde Gelder geführt wird, sondern alle Zahlungen über das Geschäftskonto des Rechtsanwalts abgewickelt werden. „Parken" Fremdgelder auf dem Geschäftskonto und der Rechtsanwalt leistet anderweitige Zahlungen, die dazu führen, dass das Fremdgeld auf dem Konto nicht mehr verfügbar ist, liegt nicht nur ein Verstoß gegen Berufspflichten, sondern unter Umständen sogar der Straftatbestand der Untreue gem. § 266 StGB vor. Eine derartig schwere Pflichtverletzung wird in der Regel auch die Ausschließung von der Rechtsanwaltschaft zur Folge haben, da von dem Rechtsanwalt eine Gefahr für die Rechtspflege ausgeht.

25.1.2 Abrechnung des Fremdgelds

Grundsätzlich sollte der Rechtsanwalt über fremde Gelder möglichst unverzüglich abrechnen, spätestens bei der Beendigung des Mandates ist er hierzu verpflichtet, § 4 II 6 BORA (Berufsordnung der Rechtsanwälte).

25.1.3 Achtung Geldwäsche!

Wirkt der Rechtsanwalt für seinen Mandanten an folgenden Geschäften mit:
- Kauf und Verkauf von Immobilien oder Gewerbebetrieben;
- Verwaltung von Geld, Wertpapieren und sonstigen Vermögenswerten des Mandanten;
- Eröffnung oder Verwaltung von Bank-, Spar- oder Wertpapierkonten;
- Beschaffung der zur Gründung, zum Betrieb oder zur Verwaltung von Gesellschaften erforderlichen Mittel;
- Gründung, Betrieb der Verwaltung von Treuhandgesellschaften, Gesellschaften oder ähnlichen Strukturen;
- Durchführung von Finanz- oder Immobilientransaktionen im Namen und auf Rechnung des Mandanten

hat der Rechtsanwalt auch die Bestimmungen des Geldwäschegesetzes zu berücksichtigen. Das bedeutet, dass er seinen Mandanten nach §§ 3 I Nr. 1, 4 III Nr. 1 GWG zu identifizieren hat. Hierzu muss er Namen, Geburtsdatum, Geburtsort, Staatsangehörigkeit und Anschrift erfassen und sich den Ausweis des Mandanten vorlegen lassen. Die eingeholten Angaben und Informationen sowie die für den Mandanten durchgeführten Transaktionen hat der Rechtsanwalt zu dokumentieren, § 8 I GWG, und für die Dauer von fünf Jahren aufzubewahren.

25.1.4 Verrechnung fremder Gelder

Der Rechtsanwalt darf seine Vergütungsansprüche mit Fremdgeldern errechnen, sofern es sich nicht um Gelder handelt, die zweckgebunden zur Auszahlung an andere als den Mandanten bestimmt sind (z.B. Unterhaltszahlungen). Die Verrechnung fremder Gelder mit dem Vergütungsanspruch ist unter folgenden Voraussetzungen (§ 8 RVG, §§ 387, 388 BGB, § 10 RVG, § 4 III BORA) möglich:
- Der Anspruch ist gleichartig.
- Der Anspruch ist im Zeitpunkt des Fremdgeldeingangs fällig.
- Der Rechtsanwalt erklärt dem Mandanten gegenüber die Aufrechnung.
- Der Rechtsanwalt hat eine ordnungsgemäße Abrechnung übermittelt.
- Das Fremdgeld ist nicht zweckgebunden.

25.1.5 Checkliste „Fremdgeld"

- ✓ Einrichtung eines Anderkontos (einlagengesichert)
- ✓ Regelmäßige Überprüfung der Konten auf Fremdgeldeingänge
- ✓ Unverzügliche Weiterleitung (ohne schuldhaftes Zögern, maximal 4 – 5 Werktage)
- ✓ Umbuchung auf Anderkonto, falls nicht unverzüglich weitergeleitet wird
- ✓ Sammelanderkonto möglich
- ✓ Einrichtung von Einzelanderkonten für Beträge über 15.000,00 €, die länger als einen Monat vom Anwalt verwahrt werden
- ✓ ggf. Berücksichtigung der Bestimmungen des Geldwäschegesetzes
- ✓ Verrechnung mit Vergütungsanspruch nicht bei zweckgebundenen Geldern
- ✓ Vergütungen sind vom Anderkonto auf das Geschäftskonto umzubuchen

25.2 Verauslagte/vorgelegte Kosten

Es gehört zu den berufstypischen Besonderheiten, dass für einen Mandanten Gerichtskosten für eine Klage oder einen Mahnbescheid verauslagt werden und der Mandant uns hierfür einen Gerichtskostenvorschuss überweist, oder dass Zeugenauslagen, Kosten für Sachverständige oder Gerichtsvollzieherkosten zunächst von der Kanzlei bezahlt (verauslagt) und später vom Mandanten erstattet werden. Das Konto, auf dem diese Geschäftsvorfälle gebucht werden, heißt „verauslagte Kosten" oder auch „vorgelegte Kosten". Es kann sowohl die Eigenschaften eines aktiven als auch eines passiven Bestandskontos haben. Wenn der Rechtsanwalt Gerichtskosten vorgelegt und der Mandant sie noch nicht bezahlt hat, entsteht eine Forderung gegenüber dem Mandanten.

Übungsfall:

Rechtsanwalt Watzon überweist für seinen Mandanten Meier 2.500,00 € Sachverständigenvorschuss vom Bankkonto an die Landesjustizkasse.

Lösungsvorschlag:

Buchungssatz: **vK 2.500,00 € an Bank 2.500,00 €**

Bezahlt jedoch der Mandant Gerichtskosten im Voraus und leitet Rechtsanwalt Watzon diese erst später an das Gericht weiter, entsteht bis zur Weiterleitung der Gerichtskosten durch den Rechtsanwalt eine Verbindlichkeit gegenüber dem Mandanten. Abhängig davon, ob die vorgelegten Kosten vom Mandanten an den Rechtsanwalt bereits erstattet wurden oder nicht, geht ein möglicher Schlussbestand des vK-Kontos in die Aktiv- oder Passivseite der Schlussbilanz ein.

Übungsfall:

Herr Meier überweist den vom Landgericht München I angeforderten Sachverständigenvorschuss in Höhe von 2.500,00 € auf das Konto der Kanzlei.

Lösungsvorschlag:

Buchungssatz: **Bank 2.500,00 € an vK 2.500,00 €**

25.2.1 Uneinbringliche verauslagte Kosten

Sofern die vom Rechtsanwalt verauslagten Kosten nicht vom Mandanten erstattet werden (können), weil dieser z.B. insolvent ist, bleibt die Kanzlei auf diesen Kosten sitzen, was sich auf den Gewinn oder Verlust der Kanzlei auswirkt. Sofern die Kosten vom Auftraggeber nicht mehr beigetrieben werden können, stellen diese für die Kanzlei „allgemeine Verwaltungskosten" (AVK) dar.

Übungsfall:

Herr Meier kann die Gerichtskosten, die Rechtsanwalt Watzon im letzten Jahr in Höhe von 2.500,00 € für ihn beim Landgericht München I einbezahlt hat, aufgrund eingetretener Insolvenz nicht mehr zurückbezahlen.

Lösungsvorschlag:

Buchungssatz: **AVK 2.500,00 € an vK 2.500,00 €**

25.2.2 Vorsicht bei „steuerfreien Auslagen"

Die Weiterberechnung von vom Rechtsanwalt verauslagter Beträge (Gerichtskosten, Kosten für Handelsregister-, Einwohnermeldeamts- oder Gewerbeamtsanfragen) an den Mandanten kann unter Umständen der Umsatzsteuer unterliegen. Die vom Rechtsanwalt verauslagten Beträge dürfen nur dann ohne Umsatzsteuer weiterberechnet werden, wenn es sich um einen durchlaufenden Posten handelt. Ein durchlaufender Posten bestimmt sich gem. A 10.4 UStAE dadurch, dass der Rechtsanwalt im Zahlungsverkehr nur die Funktion einer Mittelperson ausübt, ohne selbst gegen den Leistenden einen Anspruch auf den vereinnahmten und verauslagten Betrag zu haben. Des Weiteren darf keine Zahlungspflicht des Rechtsanwalts gegenüber dem Empfänger bestehen. Erforderlich ist eine unmittelbare Rechtsbeziehung zwischen Zahlungsverpflichtetem und Zahlungsempfänger, (BFH, 24.02.1966, BStBl. III, 263). Generell keine durchlaufenden Posten sind Steuern, öffentliche Gebühren und Abgaben, die von Anwalt, Notar oder Steuerberater geschuldet werden, auch wenn sie dem Mandanten gesondert in Rechnung gestellt werden (A 10.4 UStAE).

Als durchlaufende Posten bei Rechtsanwälten und Notaren gelten diejenigen Kosten, die nach Gebührenordnungen berechnet werden und den Mandanten als Kostenschuldner bestimmen. Hierbei ist es nicht erforderlich, dass dem Zahlungsempfänger Name und Anschrift des Mandanten mitgeteilt werden.

Das Bayerische Oberste Landesgericht hatte in einer Entscheidung vom 27.10.2004 (Az. 3 ZBR 185/04) die Frage zu prüfen, ob die Gerichtskosten für eine Einsichtnahme in die elektronischen Grundbücher, die im Auftrag und Interesse des Mandanten erfolgt, dem Mandanten als „verauslagte Kosten" weitergegeben werden dürfen.

Nach Bekanntwerden der Entscheidung wurden sowohl das BMF als auch das Bundesjustizministerium um Stellungnahme gebeten, ob die verauslagten Gerichtskosten bei der Weitergabe an den Mandanten mit Umsatzsteuer belegt werden müssten. Beide Ministerien bejahten dies unter Hinweis auf die Gebührenschuldnerschaft des

Rechtsanwalts. Sofern der Notar oder Rechtsanwalt dem Leistungserbringer die in Rechnung gestellten Beträge schulde, so sei die Weitergabe an den Mandanten kein durchlaufender Posten sondern eine steuerbare Leistung des Rechtsanwalts.

Übungsfall:

Rechtsanwalt Dr. Holms erhält in Sachen Mustermann wg. Körperverletzung die Ermittlungsakte eines auswärtigen Gerichts zur Einsichtnahme. Das Gericht stellt RA Dr. Holms hierfür eine Rechnung über 12,00 €. Sie bearbeiten die Buchhaltung der Kanzlei Dr. Holms und Watzon und veranlassen die Überweisung der geforderten Akteneinsichtsgebühr in Höhe von 12,00 €.

a) Buchen Sie die Überweisung an die Justizkasse
b) Sie erstellen dem Mandanten eine Kostennote über die Akteneinsichtsgebühr. Was ist zu beachten?
c) Der Mandant Mustermann zahlt die unter b) erstellte Rechnung. Buchen Sie den Zahlungseingang

Lösungsvorschlag:

a)   AVK   12,00 €   an Bank   12,00 €
b)   Bei der Abrechnung gegenüber dem Mandanten ist zu beachten, dass Umsatzsteuern berechnet werden. Bemessungsgrundlage ist der Betrag in Höhe von 12,00 € (Berechnung: $12,00 \times 19\% = 2,28 €$)
c)   Bank   14,28 €   an Honorar   12,00 €
                         und Umsatzsteuer   2,28 €

26.
Aktendokumentation von Geldbewegungen/ Kostenverrechnungsblatt

Sofern nicht mit einer Rechtsanwaltssoftware mit integriertem Buchhaltungsmodul gearbeitet wird, die automatisch auch die Aktenbuchungen vornimmt, muss der Rechtsanwalt eine andere Lösung finden, Aufzeichnungen für die Geldbewegungen der einzelnen Akten zu führen. Schon aus dem Berufsrecht der Anwälte (§§ 4, 23 Berufsordnung) ergibt sich, dass der Rechtsanwalt bei der Abrechnung seiner Akten und bei der Behandlung ihm anvertrauter fremder Vermögenswerte größte Sorgfalt walten zu lassen hat.

Um Geldbewegungen einer Akte darzustellen, kann sich der Anwalt eines „Kostenver-rechnungsblattes" bedienen, in dem alle Einnahmen und Ausgaben fortlaufend und übersichtlich eingetragen werden. In dem nachstehenden Muster, das an das Kosten-verrechnungsblatt des Handaktenbogens der Firma Hans Soldan GmbH angelehnt ist, können lückenlos alle eine Akte betreffenden Buchungen mit Belegnummer und eige-nem Text handschriftlich aufgezeichnet werden.

Das Verrechnungsblatt weist verschiedene Spalten für Einnahmen und Ausgaben auf, so dass leicht erkennbar ist, ob die Spalten ausgeglichen sind. Es wird unterschieden in folgende Einnahmen und Ausgaben:

Muster Kostenverrechnungsblatt

Nr.	Datum	Zah-lung von/an	Gesamt-betrag	Gebühren		Durchlaufe Gelder			
						fremdes Geld		Auslagen (GK, GVK)	
				Ein-nahme	Aus-gabe	Ein-nahme	Aus-gabe	Ein-nahme	Aus-gabe

27.
Kassenbuch

Der Rechtsanwalt ist nicht verpflichtet, eine Kasse zu führen. Dennoch empfiehlt es sich, die Barbewegungen gesondert aufzuzeichnen. Geschieht dies nicht mit Hilfe der edv-gestützten Buchhaltung (Buchung des Kontos „Kasse"), kann man sich eines im Handel erhältlichen oder selbst erstellten Vordrucks bedienen. Nachstehendes Muster und die nachfolgenden Übungen sollen dabei erklären, wie die Eintragungen vorzunehmen sind.

Eigentlich sollte es selbstverständlich sein, dass die Kassenbuchaufzeichnungen korrekt sind und der Kassenbestand rechnerisch mit dem Bargeldbestand übereinstimmen muss. In der Praxis kommt es hier gelegentlich zu Abweichungen, die in aller Regel auf Schlampigkeit zurückzuführen sind, z.B. weil für Entnahmen oder Einlagen keine Belege erstellt werden.

Peinlich wird es, wenn die Kasse ein Haben-Saldo aufweist. Das würde nämlich bedeuten, dass mehr Geld aus der Kasse genommen wurde, als tatsächlich darin enthalten war.

28.
Muster Kassenbuch

Nr.	Datum	Text	Konto	Einnahmen	Ausgaben
		Bestand			
		Übertrag			

Übungsfall:

1. Der Kassenbestand am 01.02. beträgt 198,50 €.
2. Mandant Huber zahlt am 05.02. einen Honorarvorschuss in Höhe von 297,50 € in Sachen Schmidt, Az. 234/20.
3. Es wird am 10.02. Büromaterial in Höhe von 28,56 € bei der Firma Plattner eingekauft.
4. Am 11.02. kaufen wir Briefmarken im Wert von 217,50 €.
5. Der Rechtsanwalt kauft am 18.02. Fachzeitschriften beim Schweitzer Sortiment und übergibt einen Beleg über 37,45 €.
6. Der Rechtsanwalt übergibt einen Parkbeleg vom 20.02. in Höhe von 4,00 €.
7. Ermitteln Sie den Endbestand!

Lösungsvorschlag:

Nr.	Datum	Text	Konto	Einnahmen	Ausgaben
		Übertrag		**198,50 €**	
1	05.02.	v. Huber i.S. Schmidt (234/20)	Hon.	297,50 €	
2	10.02.	Plattner – Büromaterial	AVK		28,56 €
3	11.02.	Deutsche Post AG – Briefmarken	AVK		217,50 €
4	18.02.	Schweitzer Sortiment – Zeitschr.	AVK		37,45 €
5	20.02.	LH München – Parkkosten	AVK		4,00 €
		Übertrag		**208,49 €**	

29.
Rechnung des Rechtsanwalts

29.1 Inhalt der Rechnung gem. § 10 RVG

Eine wichtige Vorschrift über den Inhalt der Rechnung des Rechtsanwalts findet sich in **§ 10 des Rechtsanwaltsvergütungsgesetzes (RVG) („Berechnung")** in welchem es heißt:

> „(1) Der Rechtsanwalt kann die Vergütung nur aufgrund einer von ihm unterzeichneten und dem Auftraggeber mitgeteilten Berechnung einfordern. Der Lauf der Verjährungsfrist ist von der Mitteilung der Berechnung nicht abhängig.

> *(2) In der Berechnung sind die Beträge der einzelnen Gebühren und Auslagen, Vor-*
> *schüsse, eine kurze Bezeichnung des jeweiligen Gebührentatbestands, die Bezeichnung*
> *der Auslagen sowie die angewandten Nummern des Vergütungsverzeichnisses und bei*
> *Gebühren, die nach dem Gegenstandswert berechnet werden, auch dieser anzugeben.*
> *Bei Entgelten für Post- und Telekommunikationsdienstleistungen genügt die Angabe des*
> *Gesamtbetrags.*
>
> *(3) Hat der Auftraggeber die Vergütung gezahlt, ohne die Berechnung erhalten zu haben,*
> *so kann er die Mitteilung der Berechnung noch fordern, solange der Rechtsanwalt zur Auf-*
> *bewahrung der Handakten verpflichtet ist."*

29.2 Inhalt der Rechnung gem. § 14 IV UStG

Da der Rechtsanwalt im Sinne des Umsatzsteuergesetzes als Unternehmer gilt, muss er gemäß § 14 IV UStG noch folgende Pflichtangaben einer Rechnung berücksichtigen:

- Namen und Anschriften v. Rechnungsaussteller und -empfänger
- die Steuernummer bzw. die USt.-ID-Nr.
- das Rechnungsdatum
- die (fortlaufende) Rechnungsnummer
- die Art der sonstigen Leistung
- den Zeitpunkt der sonstigen Leistung
- das Entgelt für die sonstige Leistung (= Nettobetrag) und
- den auf das Entgelt entfallenden Steuerbetrag sowie
- den angewandten Steuersatz,
- ggf. den Hinweis „Gutschrift", falls die Rechnung vom Leistungsempfänger erstellt wurde.

Dies gilt nicht bei den Kleinbetragsrechnungen gem. § 33 UStDV (Rechnungsbetrag bis 250,00 € brutto). Bei diesen Rechnungen dürfen

- Name und Anschrift des Rechnungsempfängers,
- die Steuernummer/USt-ID-Nummer,
- die Rechnungsnummer,
- der Zeitpunkt der Lieferung oder sonstigen Leistung und
- der angewandte Steuersatz

fehlen.

29.3 Nichtangabe von Rechnungsbestandteilen

Die Nichtangabe von Rechnungsbestandteilen, die in § 14 IV UStG genannt sind (vgl. 18.2) führt zum Verlust des Vorsteuerabzugs beim Rechnungsempfänger. Zahlt der Mandant also eine Rechnung des Rechtsanwalts, die nicht den Anforderungen des § 14 IV UStG genügt, darf dieser aus der Rechnung keinen Vorsteuerabzug vornehmen. Macht er dies trotzdem und wird dies im Rahmen einer Betriebsprüfung festgestellt, muss er damit rechnen, die zu Unrecht gezogene Vorsteuer wieder nachzubezahlen. Zwar kann der Rechtsanwalt die Rechnung anschließend korrigieren, allerdings führt es zu einem Imageverlust, wenn die Rechtsanwaltskanzlei nicht ordnungsgemäße Rechnungen ausstellt.

29.4 Kostenschuldner der Rechtsanwaltsgebühren

Kostenschuldner – und damit Adressat einer Rechnung des Rechtsanwalts – ist grundsätzlich immer der Auftraggeber, also der Mandant. Natürlich gibt es Ausnahmen, z.B. dann, wenn der Rechtsanwalt von der Haftpflichtversicherung beauftragt wird, sie selbst und ihren Versicherungsnehmer zu vertreten. Wann immer der Rechtsanwalt eine Rechnung auf einen Dritten (also nicht den Empfänger der Leistung) ausstellt, sollte in der Rechnung der Leistungsempfänger bezeichnet werden, damit vom Dritten nicht ungerechtfertigt der Vorsteuerabzug vorgenommen werden kann.

30.
Pflicht zur Abrechnung

Nach § 14 II UStG muss ein Unternehmer immer dann eine Rechnung erteilen, wenn seine Leistungen für einen Unternehmer im Zusammenhang mit dessen Unternehmen erbracht werden. Da der Rechtsanwalt Unternehmer im Sinne des Umsatzsteuergesetzes ist, gilt diese Verpflichtung auch für dessen Rechnungen, sofern er für einen Unternehmer im Zusammenhang mit dessen Unternehmen tätig geworden ist. Die Rechnung ist spätestens 6 Monate nach (vollständiger) Erbringung der Leistungen zu erteilen, § 14 II 1 Nr. 2 S. 2 UStG.

Verstößt der Rechtsanwalt gegen diese Pflicht, so gilt dies als Ordnungswidrigkeit, die gemäß § 26a II UStG mit einer Geldbuße von bis zu 5.000,00 € geahndet werden kann.

30.1 Behandlung von Vorschusszahlungen

Leistet der Mandant eine Vorschusszahlung, ist der Betrag der Vorschusszahlung brutto zu buchen, d.h. die Zahlung versteht sich inklusive Umsatzsteuer. Dies gilt natürlich nur, wenn der Vorschuss auf die Vergütung des Rechtsanwalts geleistet wird. In Vorschusszahlungen enthaltene Gerichtskosten unterliegen selbstverständlich nicht der Umsatzsteuer.

In der Praxis stellt sich häufig die Frage, wie die Endabrechnung vorzunehmen ist, wenn bereits eine Vorschussrechnung (oder auch Zwischenabrechnung) erstellt und bereits vom Mandanten bezahlt wurde.

Übungsfall:

Der Rechtsanwalt wurde mit der Abwehr einer Klage beauftragt und hat nach Mandatsübernahme folgende Gebühren mit einer Vorschussrechnung abgerechnet:

Gegenstandswert: 6.000,00 €

1,3 Verfahrensgebühr, Nr. 3100 VV RVG	507,00 €
Auslagenpauschale, Nr. 7002 VV RVG	20,00 €
Zwischensumme netto	**527,00 €**
19 % USt. hierauf, Nr. 7008 VV RVG	100,13 €
Gesamtbetrag	**627,13 €**

Die Zahlung des Mandanten in Höhe von 627,13 € erfolgte mit Wertstellung 25.01. auf dem Konto des Rechtsanwalts. Im weiteren Verlauf des gerichtlichen Verfahrens fand noch eine mündliche Verhandlung statt, anschließend wurde ein Urteil verkündet. Welche Möglichkeiten bestehen, die weitere Vergütung abzurechnen?

Lösungsvorschlag:

Alternative 1 – Restrechnung

Der Rechtsanwalt zieht von den Nettogebühren den Nettovorschuss ab:

Gegenstandswert: 6.000,00 €	
1,3 Verfahrensgebühr, Nr. 3100 VV RVG	507,00 €
1,2 Terminsgebühr, Nr. 3104 VV RVG	468,00 €
Auslagenpauschale, Nr. 7002 VV RVG	20,00 €
Zwischensumme netto	995,00 €
Abzüglich Vorschuss 25.01. netto	527,00 €
Restbetrag	468,00 €
19 % USt. hierauf, Nr. 7008 VV RVG	88,92 €
zu zahlen:	**556,92 €**

Alternative 2 – Endrechnung

Von der Bruttovergütung wird der brutto geleistete Vorschuss abgezogen und der in der Vorschusszahlung enthaltene Umsatzsteuerbetrag gesondert ausgewiesen:

Gegenstandswert: 6.000,00 €	
1,3 Verfahrensgebühr, Nr. 3100 VV RVG	507,00 €
1,2 Terminsgebühr, Nr. 3104 VV RVG	468,00 €
Auslagenpauschale, Nr. 7002 VV RVG	20,00 €
Zwischensumme netto	995,00 €
19 % USt. hierauf, Nr. 7008 VV RVG	189,05 €
Zwischensumme brutto	1.184,05 €
Abzüglich Vorschuss 25.01.	
(hierin enthalten: 19 % USt. = 88,92 €)	627,13 €
Restbetrag (noch zu zahlen)	**556,92 €**

Unterlässt es der Rechtsanwalt bei der Endrechnung gem. Alternative 2, die Vorschusszahlungen und die auf diese entfallenden Steuerbeträge anzugeben, muss er den gesamten ausgewiesenen Steuerbetrag an das Finanzamt abführen. Der Rechnungsempfänger kann die Vorsteuer nur aus der restlichen Vergütung ziehen, vgl. A 14.8 UStAE.

30.2 Nicht bezahlte Vorschussrechnung

Hat der Mandant eine Vorschussrechnung erhalten, die er bis zur endgültigen Abrechnung der Akte noch nicht bezahlt hat, oder muss eine Abrechnung korrigiert werden, z.B. weil sich der Gegenstandswert durch gerichtliche Festsetzung geändert hat, bestehen zwei Möglichkeiten:

- Der Rechnungsempfänger gibt die Originalrechnung (Vorschussrechnung) an den Rechtsanwalt zurück und erhält eine neue Abrechnung.
- Die Rechnung wird durch eine Stornorechnung korrigiert, gleichzeitig wird die neue Abrechnung übersandt.

Da man in der Variante 1. auf die Mitarbeit des Rechnungsempfängers angewiesen ist, bietet sich für die Praxis in jedem Fall die Variante 2. an. Im Sprachgebrauch findet sich für die Stornorechnung auch die Bezeichnung „Gutschrift". Dieser Begriff wird umsatzsteuerrechtlich jedoch anders definiert (Gutschrift wird vom Leistungsempfänger erteilt), so dass man korrekterweise von einer Stornorechnung sprechen sollte.

In der Gestaltung der Stornorechnung ist der Rechtsanwalt weitestgehend frei. Es muss jedoch klar aus dem neuen Dokument hervorgehen, dass es sich um den Storno einer bestehenden Rechnung handelt.

Je nach eingesetzter Anwaltssoftware bieten sich verschiedene Möglichkeiten der Stornierung an:

- Es wird über die Anwaltssoftware eine Stornorechnung erstellt. Diese sollte sich auf die bereits erteilte Rechnung beziehen. Dies ist vor allem zu empfehlen, damit das Aktenkonto stimmt.
- Steuerlich ausreichend dürfte es meiner Ansicht nach sein, ein entsprechendes Schreiben an den Rechnungsempfänger zu versenden, aus dem hervorgeht, dass eine Rechnung als gegenstandslos betrachtet werden soll. In diesem Fall muss jedoch der konkrete Bezug zur jeweiligen Rechnung hergestellt werden (also müssen Rechnungsdatum und -nummer angegeben werden).

30.3 Folgen nicht ordnungsgemäßer Abrechnung

Eine Abrechnung, die den gesetzlichen Bestimmungen nicht genügt, kann dazu führen, dass der vorsteuerabzugsberechtigte Mandant die Bezahlung (zumindest in Höhe der Umsatzsteuer) verweigern kann, da der Rechtsanwalt die entstandene und fällige Vergütung gem. § 10 I RVG nur einfordern kann, wenn er dem Auftraggeber eine Berechnung seiner Vergütung übermittelt hat.

Der Rechtsanwalt ist nicht nur berechtigt, eine ordnungsgemäße Abrechnung zu erteilen, er ist hierzu bei einem Mandanten, der Unternehmer ist (vgl. § 14 II UStG) oder wenn er Vorschusszahlungen erhalten hat, auch verpflichtet.

Im Vergütungsfestsetzungsverfahren gem. § 11 RVG, im Mahnbescheid und im Falle eines Rechtsstreits über die Rechtsanwaltsgebühren muss der Rechtsanwalt angeben, dass er eine Berechnung seiner Gebühren erstellt und dem Mandanten mitgeteilt hat. Fehlt diese Erklärung z.B. in seiner Klage, wird diese als unschlüssig abgewiesen. Die Berechnung der Gebühren kann zwar bis zur mündlichen Verhandlung nachgeholt werden, birgt jedoch die Gefahr der Kostentragung durch den Rechtsanwalt.

Der Mandant, der eine ordnungsgemäße Abrechnung nicht erhalten hat, hat einen Anspruch auf Mitteilung der Berechnung, solange der Rechtsanwalt verpflichtet ist, die Handakten aufzubewahren. Die Aufbewahrungsfrist für Handakten beträgt 5 Jahre nach Beendigung des Auftrages gem. § 50 II BRAO.

30.4 Checkliste „Vollständige Rechnung des Rechtsanwalts"

- [ ] Name und Anschrift des Rechnungsausstellers (RA)
- [ ] Name und Anschrift des Rechnungsempfängers
- [ ] Steuernummer oder Umsatzsteuer-Identifikationsnummer des Rechtsanwalts
- [ ] Rechnungsdatum
- [ ] Zeitpunkt der Leistung
- [ ] Bezeichnung der Angelegenheit
- [ ] Rechnungsnummer
- [ ] Gegenstandswert
- [ ] Berechnung des Gegenstandswertes und gesetzliche Bestimmung, falls der Gegenstandswert erst berechnet werden muss (aus Gründen der Nachvollziehbarkeit)
- [ ] Gebührensatz (z.B. 1,3, 0,8 etc.)
- [ ] Bezeichnung der Gebühr (z.B. Verfahrensgebühr, Terminsgebühr, etc.)
- [ ] Angewandte Nummern des Vergütungsverzeichnisses (z.B. Nr. 3100 VV RVG)
- [ ] Betrag der Gebühr
- [ ] Berechnung der Auslagen (pauschal oder einzeln) mit Angabe des Gesamtbetrages der Auslagen
- [ ] Reisekosten oder andere Auslagen, die den RA als Gebührenschuldner ausweisen netto
- [ ] Nettobetrag der Rechnung
- [ ] Steuersatz
- [ ] Steuerbetrag
- [ ] Bruttobetrag der Rechnung
- [ ] Verauslagte Gerichtskosten
- [ ] Geleistete Vorschüsse (enthaltene Umsatzsteuern gesondert ausweisen!)
- [ ] Unterschrift des Rechtsanwalts (ggf. auch Signatur)

31.
Jahresabschluss Einnahmen-Überschussrechnung

Der Rechtsanwalt, der nicht buchführungspflichtig ist und auch nicht freiwillig Bücher führt, darf seinen Jahresabschluss anstelle der Bilanz durch Einnahmen-Überschussrechnung ermitteln. Dies ist in § 4 III EStG geregelt, daher wird der Rechtsanwalt steuerlich auch 4 – 3-Rechner genannt.

Bei dieser Art der Gewinnermittlung werden die Betriebseinnahmen des Jahres addiert und hiervon die Betriebsausgaben des Jahres abgezogen. Das Ergebnis ist der Gewinn oder Verlust, der dann wiederum die Grundlage zur Ermittlung der Einkommensteuer des Rechtsanwalts darstellt.

Die Regelung des § 4 III EStG stellt sich als Formel wie folgt dar:

$$\begin{array}{r} \text{Betriebseinnahmen} \\ - \text{ Betriebsausgaben} \\ \hline \text{Gewinn} \end{array}$$

31.1 Betriebsausgaben

Das Einkommensteuergesetz definiert Betriebsausgaben als „Aufwendungen, die durch den Betrieb veranlasst sind", vgl. § 4 IV EStG. Zu beachten ist hierbei, dass nur solche Ausgaben Gewinnauswirkung haben, die gem. § 4 IV EStG betrieblich veranlasst, also für die Kanzlei getätigt worden sind. Hierzu gehören Raumkosten, Personalkosten, Bürobedarf, Fachliteratur, KFZ-Kosten, Reisekosten, Versicherungen (betrieblich), AVK, etc. Auch die gezahlte Umsatzsteuer gehört bei dem Rechtsanwalt (Ausnahme: Rechtsanwalts GmbH) zu den Betriebsausgaben. Ein Abzug als Betriebsausgabe ist jedoch nicht ausnahmslos für alle betrieblich veranlassten Aufwendungen möglich. Es gibt Ausgaben, die zwar betrieblich veranlasst sind, aber für die ganz oder teilweise ein Abzugsverbot besteht.

Bezüglich der Praxisgegenstände, auf die die Sammelposten-Regelung gem. § 6 IIa EStG oder die lineare Abschreibung gem. § 7 I EStG angewandt wird, können beispielsweise nur die AfA-Beträge im jeweiligen Jahr als Betriebsausgabe in Ansatz gebracht werden.

> **Beispiele:** Der Rechtsanwalt kauft im Januar einen Bürostuhl mit Nettoanschaffungskosten in Höhe von 1.300,00 €. Die Nutzungsdauer beträgt 13 Jahre. Die jährliche AfA gem. § 7 I EStG beträgt 100,00 €. Die Buchung der Anschaffung erfolgt über das Bestandskonto „Praxisausstattung" und hat keine Gewinnauswirkung (Aktivtausch). Nur die 100,00 € können jährlich als Betriebsausgabe im Jahr der Anschaffung und in den 12 folgenden Jahren abgezogen werden (Buchung über Konto „AfA").

Weitere Beispiele zu GWG-Regelungen oder linearer AfA siehe in den dortigen Kapiteln.

31.2 Nicht oder nur beschränkt abzugsfähige Betriebsausgaben

In § 4 V EStG findet sich eine Aufzählung von nicht oder nur beschränkt abzugsfähigen Betriebsausgaben. Das heißt, dass es betrieblich veranlasste Aufwendungen gibt, die jedoch nicht oder nicht in voller Höhe als Betriebsausgabe bei der Gewinnermittlung abgezogen werden dürfen. Hierzu gehören beispielsweise Ordnungsgelder, Geldbußen und Verwarnungsgelder oder Aufwendungen für die private Lebensführung.

31.3 Bewirtungskosten

Ein Abzugsverbot besteht beispielsweise auch bei Bewirtungsbelegen. Hier können, soweit sie angemessen sind und die geschäftliche Veranlassung nachgewiesen ist, 70 % der Aufwendungen als Betriebsausgabe abgezogen werden. 30 % dieser Aufwendungen sind „Privatvergnügen". Die gleiche Aufteilung gilt auch für die Trinkgelder. Die Umsatzsteuer wird jedoch zu 100 % in Ansatz gebracht.

Der Beleg über die Bewirtung muss bestimmte Zusatzangaben enthalten, damit er (zu 70 %) als Betriebsausgabe abgesetzt werden kann. Der Beleg, der durch eine Registrierkasse maschinell erstellt worden sein muss, enthält folgende Angaben:

- Ort der Bewirtung
- Anlass der Bewirtung (Mandantengespräch oder Mandatspflege o.Ä. sind nicht ausreichend)
- Datum der Bewirtung
- Namen und ggf. Positionen der eingeladenen Teilnehmer
- die verzehrten Speisen und Getränke
- Kosten der Bewirtung
- Unterschrift des Gastgebers

Trinkgelder sind entweder vom Kellner zu quittieren oder die Kanzlei erstellt hierüber einen Eigenbeleg. Ein Vorsteuerabzug aus dem Trinkgeld ist nicht möglich.

Übungsfall:

Rechtsanwalt Dr. Holms lädt seinen Mandanten Max Mustermann zur Vorbereitung eines Gerichtstermins zum Essen ein. Die Rechnung des Restaurants weist einen Betrag in Höhe von 101,15 € brutto aus, handschriftlich wurde „Trinkgeld 8,85 €" vermerkt. Die Rechnung wurde bar bezahlt. Rechtsanwalt Dr. Holms hat auf der Rückseite des Belegs folgende Angaben gemacht:

Ort:	**umseitig**
Teilnehmer:	**Dr. Holms, Max Mustermann, Personalleiter Musterfirma AG**
Anlass:	**Vorbereitung Gerichtstermin in Sachen Musterfirma AG**
	./. Betriebsrat Musterfirma AG.

Höhe des Bewirtungsaufwands: 101,15 €

Trinkgeld: 8,85 €

Außerdem wurde der Beleg von RA Dr. Holms unterschrieben, das Trinkgeld vom Kellner quittiert. Auch die umsatzsteuerlichen Anforderungen an den Beleg (Kleinbetragsrechnung) sind erfüllt.

a) Ist dieser Beleg geeignet, eine Betriebsausgabe nachzuweisen?
b) In welcher Höhe können die Bewirtungskosten als Betriebsausgabe abgezogen werden?
c) Was geschieht mit der Umsatzsteuer und wie hoch ist die Betriebsausgabe?
d) Wie buchen Sie den Beleg?

Lösungsvorschlag:

a) Durch den Beleg kann eine Betriebsausgabe nachgewiesen werden, weil alle erforderlichen Angaben enthalten sind, der Gastgeber Dr. Holms den Beleg unterschrieben hat und das Trinkgeld vom Kellner quittiert wurde.

b) Die Bewirtungskosten zzgl. Nebenkosten können zu 70 % als Betriebsausgabe abgezogen werden.

c) Berechnung: 101,15 € : 1,19 = 85,00 € netto, hieraus 70 % = 59,50 €

zzgl. 70 % des Trinkgeldes = 8,85 × 70 % = 6,20 € ergibt Gesamtnettoaufwand von 65,70 €, der als Betriebsausgabe abgezogen werden kann.

Die Umsatzsteuer in Höhe von 16,15 € kann in voller Höhe als Betriebsausgabe abgesetzt und als Vorsteuer abgezogen werden.

d)
AVK (Bewirtungskosten)	65,70 €		
und Vorsteuer	16,15 €		
und Privat	28,15 €	an Kasse	110,00 €

Die Rechnung des Restaurants muss mit abgelegt werden. Solange es sich um eine Kleinbetragsrechnung mit einem Gesamtbetrag von bis zu 250,00 € (Bruttobetrag!) handelt, müssen nicht alle Rechnungsbestandteile gem. § 14 IV UStG enthalten sein. Wird der Betrag überschritten ist darauf zu achten, dass der Name und die Anschrift der Kanzlei neben den sonst erforderlichen Angaben auf dem Bewirtungsbeleg angegeben werden.

Übungsfall:

Rechtsanwalt Watzon lädt seinen Mandanten zum Essen in das Restaurant Goldene Ganns ein und bezahlt hierfür brutto 119,00 €. Im gleichen VAZ hat er Einnahmen in Höhe von 6.902,00 € brutto (inkl. 19 % USt.).

a) Wie hoch ist die Zahllast?
b) Wie wirkt sich der Vorgang auf den Gewinn aus?

Lösungsvorschlag:

a) 1.102,00 € (NR 6.902,00 : 1,19) − 19,00 € (NR 119,00 : 1,19) = 1.083,00 € Zahllast

b)
Einnahmen:	6.902,00 €
Abzüglich Ausgaben:	
Abziehbare VoSt.	19,00 €
USt.-Vorauszahlung	1.083,00 €
70 % aus 100,00 €	70,00 €
Gewinn	5.730,00 €

31.3.1 Geschenke an Geschäftsfreunde

Geschenke an Geschäftsfreunde sind nur unter der Voraussetzung als Betriebsausgabe abzugsfähig, dass pro Jahr und Beschenktem der Betrag von 35,00 € nicht überschritten wird, eine betriebliche Veranlassung gegeben ist (z.B. Geburtstag oder Jubiläum eines Mandanten) und dem Geschenk keinerlei Gegenleistung gegenübersteht. Ist der Rechtsanwalt zum Vorsteuerabzug berechtigt, dürfen 35,00 € netto nicht überschritten werden, besteht kein Vorsteuerabzug (z.B. bei Kleinunternehmern), ist die Freigrenze 35,00 € brutto. Wird die Freigrenze überschritten, ist das Geschenk insgesamt nicht mehr abzugsfähig, also nicht nur der übersteigende Betrag. Des Weiteren entfällt der Vorsteuerabzug für das Geschenk. Für Geschenke an Mitarbeiter gelten andere Regelungen (s. Punkt 24.15 Geschenke an Mitarbeiter = Aufmerksamkeiten).

Übungsfall:

Sie erhalten den Auftrag von Dr. Holms, für den Mandanten Mustermann wegen des 10-jährigen Bestehens des Mandatsverhältnisses ein Geschenk zu besorgen. Sie kaufen eine Flasche Wein zum Preis von brutto 24,69 € und ein Buch für 12,80 € brutto. Die Kanzlei ist zum Vorsteuerabzug berechtigt.

a) Können Sie die Geschenke für den Mandanten Mustermann als Betriebsausgabe buchen?

b) Wie wäre der Sachverhalt, wenn Sie für den Wein 33,99 € und für das Buch 14,90 € bezahlt hätten?

Lösungsvorschlag:

a) Die Geschenke an Herrn Mustermann können als Betriebsausgabe abgezogen werden, da die Freigrenze von 35,00 € netto nicht überschritten wird. Die Nettobeträge der Geschenke betragen 24,69 : 1,19 = 20,75 € für den Wein (voller Steuersatz) und 12,80 : 1,07 = 11,96 € für das Buch (ermäßigter Steuersatz), insgesamt 32,71 € und liegen somit unter der Freigrenze.

b) In diesem Fall würde die Freigrenze überschritten. Die Nettobeträge der Geschenke belaufen sich auf 33,99 : 1,19 = 28,56 € für den Wein und für das Buch 14,90 : 1,07 = 13,93 €, insgesamt netto 42,49 €. Durch die Überschreitung der Freigrenze von 35,00 € könnten die Geschenke nicht mehr als Betriebsausgabe abgezogen werden. Für die Umsatzsteuer bestünde in diesem Fall ebenfalls ein Abzugsverbot.

31.3.2 Verwarnungs- und Bußgelder

Auch das Bußgeld („Knöllchen"), das der Rechtsanwalt bekommt, weil er zur Wahrnehmung eines Gerichtstermins für einen Mandanten im Parkverbot geparkt hat, fällt in voller Höhe unter das Abzugsverbot. Es handelt sich zwar um eine Ausgabe, die betrieblich veranlasst ist, aber sie ist wegen des Abzugsverbots aus § 4 V 1 Nr. 8 EStG nicht abzugsfähig.

Bei den Betriebseinnahmen und Betriebsausgaben muss also jeweils eine betriebliche Veranlassung vorliegen. Privateinlagen oder Privatentnahmen haben auf den Gewinn grundsätzlich keinen Einfluss. Krankenversicherungsbeiträge oder -erstattungen, Einkommensteuerzahlungen oder Ausgaben für die private Lebensführung haben keine Gewinnauswirkung (s. Punkt 21 Privatkonto).

Übungsfall:

Sie arbeiten als Rechtsanwaltsfachangestellte in der Kanzlei Dr. Holms und Watzon.
Am Jahresende helfen Sie mit, die Einnahmen-Überschuss-Rechnung vorzubereiten.
Die Kanzlei hat folgende Umsätze gebucht:

Honorare	240.000,00 €
Umsatzsteuer	45.980,00 €
Erlöse aus Anlageverkäufen netto	2.000,00 €
Personalkosten	41.100,00 €
Kammerbeitrag RAK	285,00 €
Berufshaftpflichtversicherung	731,28 €
Krankenversicherung	4.200,00 €
Abschreibungen	3.280,00 €
Allgemeine Verwaltungskosten	2.459,00 €
KFZ-Kosten:	2.870,00 €
Privatentnahmen:	1.500,00 €
abziehbare Vorsteuer:	1.012,51 €
Umsatzsteuervorauszahlungen	44.967,49 €
Einkommensteuervorauszahlung	65.920,00 €

Errechnen Sie den Gewinn der Kanzlei.

Lösungsvorschlag:

Einnahmen:

Honorare	240.000,00 €
Umsatzsteuer	45.980,00 €
Erlöse aus Anlageverkäufen netto	2.000,00 €
Summe	**287.980,00 €**

Ausgaben:

Personalkosten	41.100,00 €
Kammerbeitrag RAK	285,00 €
Berufshaftpflichtversicherung	731,28 €
Abschreibungen	3.280,00 €
Allgemeine Verwaltungskosten	2.459,00 €
KFZ-Kosten:	2.870,00 €
Umsatzsteuervorauszahlungen	44.967,49 €
Abziehbare Vorsteuer	1.012,51 €
Summe	**96.705,28 €**
Einnahmen gesamt	287.980,00 €
Ausgaben gesamt	96.705,28 €
Gewinn	**191.274,72 €**

32.
Aufbewahrungsfristen

32.1 Steuerliche Aufbewahrungsfristen für Buchungsbelege

Bücher und Aufzeichnungen, die für die Besteuerung von Bedeutung sind, müssen aufbewahrt werden, § 146 AO. Die jeweiligen Aufbewahrungsfristen ergeben sich im Wesentlichen aus § 147 AO, die Aufbewahrung von Rechnungen ist in § 14b UStG speziell geregelt.

Buchungsbelege sind (u.a.):

– Bankauszüge   – Quittungen
– Depotauszüge   – Gehaltslisten
– Buchungsanweisungen   – Rechnungen
– Kontierungsanweisungen   – Kassenberichte

Für Buchungsbelege gilt eine 10-jährige Aufbewahrungsfrist, die mit dem Schluss des Jahres beginnt, in dem der Jahresabschluss erstellt wurde (z.B. der Jahresabschluss für 2022 wird im Jahr 2023 erstellt. Die Aufbewahrungsfrist beginnt mit dem Ende des Jahres 2023).

32.2 Aufbewahrungsfrist für sonstige Unterlagen

Andere Unterlagen, die die Rechtsanwaltskanzlei betreffen, jedoch nicht mandatsbezogen sind, können bereits nach 6 Jahren vernichtet werden. Hierzu gehören beispielsweise: Bankbürgschaften, EMails, Fax-Schreiben, Geschäftsbriefe, Betriebskostenabrechnungen, Betriebsprüfungsberichte, Frachtbriefe, Lohnkonten und Mietunterlagen.

32.3 Aufbewahrungsfrist für Handakten

Neben den steuerlichen oder handelsrechtlichen Aufbewahrungsfristen ergibt sich für den Rechtsanwalt eine weitere Aufbewahrungspflicht aus § 50 I 2 BRAO, wonach er seine Handakten noch sechs Jahre nach Beendigung des Auftrags aufzubewahren hat. Ausnahmsweise kann der Rechtsanwalt die Handakten bereits früher vernichten, nämlich dann, wenn er den Mandanten aufgefordert hat, die Handakten in Empfang zu nehmen und der Mandant dieser Aufforderung nicht innerhalb einer Frist von einem halben Jahr nach Erhalt der Aufforderung nachgekommen ist. Empfehlenswert ist es, die Handakten 10 Jahre aufzubewahren, weil erst dann Regressansprüche des Mandanten ausgeschlossen werden können.

33.
Kontenübersicht[3]

Konto	Art	Abschluss über
PA	aktives Bestandskonto	SBK
Bank	aktives Bestandskonto	SBK
Anderkonto	aktives Bestandskonto	SBK
Kasse	aktives Bestandskonto	SBK
Fahrzeuge (oder PKW/KFZ)	aktives Bestandskonto	SBK
GWG-Sammelposten	aktives Bestandskonto	SBK
VK (auch: VoKo)	aktives oder passives Bestandskonto	SBK
Darlehen	passives Bestandskonto	SBK
FG	passives Bestandskonto	SBK
Eigenkapital	passives Bestandskonto	SBK
Honorar	Erfolgskonto (Ertragskonto)	GuV
EaN	Erfolgskonto (Ertragskonto)	GuV
EaH	Erfolgskonto (Ertragskonto)	GuV
Zinsertrag	Erfolgskonto (Ertragskonto)	GuV
RK	Erfolgskonto (Aufwandskonto)	GuV
PK	Erfolgskonto (Aufwandskonto)	GuV
AVK	Erfolgskonto (Aufwandskonto)	GuV
KFZ-Kosten	Erfolgskonto (Aufwandskonto)	GuV
Reisekosten	Erfolgskonto (Aufwandskonto)	GuV
Versicherungen	Erfolgskonto (Aufwandskonto)	GuV
Beiträge	Erfolgskonto (Aufwandskonto)	GuV
BWA/APG	Erfolgskonto (Aufwandskonto)	GuV
AfA	Erfolgskonto (Aufwandskonto)	GuV
Zinsaufwand	Erfolgskonto (Aufwandskonto)	GuV
Geschenke	Erfolgskonto (Aufwandskonto)	GuV

---

3 In den Berufsschulen des OLG-Bezirks München wird ohne „Verrechnungskonto Zahllast" gebucht. In der Praxis wird für den Rechtsanwalt das Konto „Umsatzsteuer" in der Regel nicht abgeschlossen. Bitte informieren Sie sich in Ihrer Berufsschule über den Abschluss des USt.-Kontos.
Die Aufwandskonten: Fortbildungskosten, Porti, Fachliteratur, Büromaterial, Geschenke, Reisekosten, Versicherungen, Bewirtungskosten werden nicht in allen Kammerbezirken verwendet, entsprechen aber eher der Praxis. Anstelle dieser Konten ist die Buchung über AVK üblich.

Konto	Art	Abschluss über
Bewirtungskosten	Erfolgskonto (Aufwandskonto)	GuV
Fortbildungskosten	Erfolgskonto (Aufwandskonto)	GuV
Porti	Erfolgskonto (Aufwandskonto)	GuV
Fachliteratur	Erfolgskonto (Aufwandskonto)	GuV
Büromaterial	Erfolgskonto (Aufwandskonto)	GuV
VSt.*		USt.
USt.*		VKZ
VKZ*		GuV
Privat	Unterkonto Eigenkapital	Eigenkapital
GuV	Unterkonto Eigenkapital	Eigenkapital

34.
Kontenübersicht Jahresabschluss

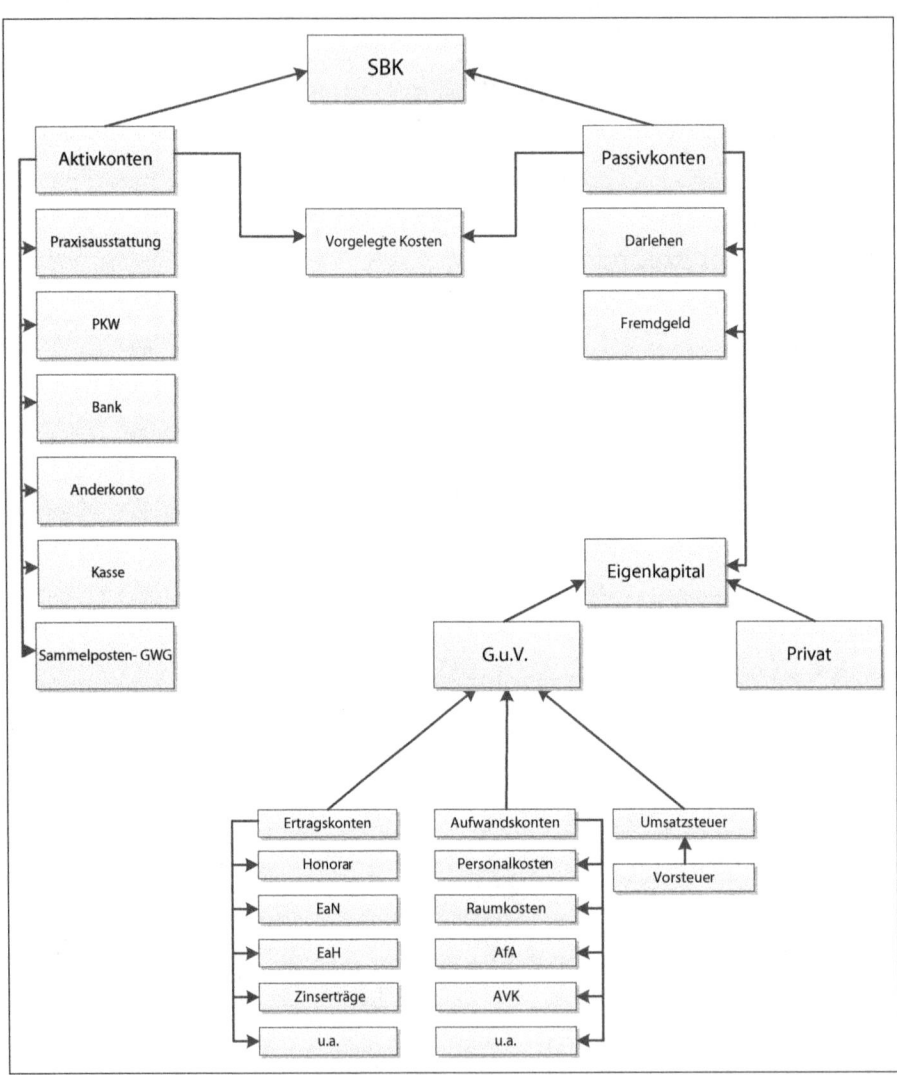

Abbildung: Kurzübersicht Jahresabschluss

Teil 2
Geschäftsvorfälle und Belegsammlung

1.
Geschäftsvorfälle

Sie sind als Rechtsanwaltsfachangestellte in der Kanzlei Dr. Holms & Watzon eingestellt. Sie haben die Aufgabe, die Zahlungsbelege der Kanzlei zu verarbeiten (Belegbuchung). Die Buchungen in den nachstehenden Geschäftsvorfällen beziehen sich – sofern sich nicht etwas anderes aus der jeweiligen Aufgabenstellung ergibt – auf das laufende Kalenderjahr. Die Kanzlei versteuert nach vereinnahmten Entgelten, ermittelt ihren Gewinn mittels Einnahmen-Überschussrechnung und gibt monatlich Umsatzsteuervoranmeldungen ab.

Wenn nichts anderes angegeben ist, sind die nachfolgenden Geschäftsvorfälle zu buchen. Bitte beachten Sie, dass sämtliche Belege ohne Jahreszahlen ausgewiesen sind.

1. Rechtsanwalt Dr. Holms unterschreibt Ihnen für Ihre Kanzleikasse eine Quittung **(Beleg Nr. 1)** vom 25.03. über eine Barabhebung in Höhe von 500,00 € vom Bankkonto der Kanzlei.

2. RA Watzon übergibt Ihnen einen Parkbeleg über Parkgebühren eines städtischen Parkhauses **(Beleg Nr. 2)**, die er anlässlich eines Ortstermins in München am 29.01. bezahlt hat. Sie erstatten RA Watzon den verauslagten Betrag in Höhe von 1,60 € am gleichen Tag aus der Kasse.

3. Sie haben bei dem Rechercheinstitut Shepdog GmbH eine Handelsregisterauskunft in Auftrag gegeben. Die Shepdog GmbH übersendet Ihnen die Rechnung Nr. 20723 vom 10.02. **(Beleg Nr. 3)** die vom Bankkonto der Kanzlei am 12.02. abgebucht wird.

4. Sie erhalten die Rechnung der Buchhandlung King über die FamZeit vom 26.01. **(Beleg Nr. 4)**. Die Bezahlung erfolgt am 05.02. per Überweisung vom Bankkonto der Kanzlei.

5. Sie haben einen Eingangsstempel für die Kanzlei bestellt und erhalten die Rechnung der Stempel Werkstatt vom 01.10. **(Beleg Nr. 5)** die Sie am 07.10. vom Bankkonto der Kanzlei bezahlt haben. Bitte prüfen Sie, ob und in welcher Höhe die Kanzlei Dr. Holms & Watzon die Vorsteuer aus der Rechnung ziehen kann.

6. RA Watzon hat Blumen für den Empfangsbereich der Kanzlei gekauft und übergibt Ihnen die Rechnung der Blumen Bine vom 15.03. **(Beleg Nr. 6)**. Der Ausgleich des Rechnungsbetrages erfolgt am 22.03. per Überweisung vom Bankkonto.

7. Frau Mustermann überweist den Rechnungsbetrag der Rechnung Nr. 14005124 vom 05.06. in Höhe von brutto 5.013,47 € **(Beleg Nr. 7)** auf das Konto der Kanzlei Dr. Holms & Watzon. Die Gutschrift erfolgt am 10.06.

8. Sie haben Briefmarken für die Kanzlei gekauft. Das Briefmarkenzentrum München stellt Ihnen hierfür mit Rechnung Nr. 15/008123 vom 08.01. einen Betrag in Höhe von 292,00 € in Rechnung **(Beleg Nr. 8)**. Sie haben bar bezahlt.

9. Das Amtsgericht Norden übersendet Herrn Dr. Holms eine Akteneinsicht und berechnet hierfür mit Rechnung vom 19.02. eine Aktenversendungspauschale in Höhe von 12,00 € **(Beleg Nr. 9)**. Die Bezahlung erfolgt am 25.02. durch Überweisung vom Bankkonto der Kanzlei.

10. Dr. Holms übergibt Ihnen den Bewirtungsbeleg Nr. 324 des Restaurants „Old Shatterhand" vom 20.12. **(Beleg Nr. 10)**. Die Mandanten Reiser, Lindenberg, Westernhagen, Hudson, Hawaii und Grönemeier wurden von RA Dr. Holms in Vorbereitung eines Gerichtstermins zum Essen eingeladen. Bitte prüfen Sie, ob und in welcher Höhe die Kanzlei die Bewirtungsaufwendungen als Betriebsausgabe abziehen kann.

11. Sie bestellen Briefbogen für die Kanzlei bei der Münchner Farbkleckserei. Druck & Verlag GmbH. Der Rechnungsbetrag der Rechnung Nr. 32099 vom 18.01. in Höhe von 214,20 € brutto **(Beleg Nr. 11)** wird am 23.01. vom Kanzleikonto überwiesen.

12. Sie bestellen Getränke für die Kanzlei und erhalten die Rechnung vom Getränkemarkt Lieferfix vom 17.01. über 79,01 €. Sie bezahlen dem Lieferanten einen Betrag in Höhe von 82,00 € (inkl. 2,99 € Trinkgeld) in bar **(Beleg Nr. 12)**.

13. Die Rechnung des Getränkemarktes vom 17.01. (s. Geschäftsvorfall Nr. 12) war fehlerhaft. Sie erhalten die korrigierte Rechnung vom 19.01. **(Beleg Nr. 13)** über 72,01 €.

14. Das Amtsgericht Norden hat die Kosten in Sachen Mustermann ./. Mustermann mit KFB vom 10.02. zu Lasten des Mandanten in Höhe von 3.116,20 € nebst Zinsen in Höhe von 5 Prozentpunkten über dem Basiszins seit dem 15.01. festgesetzt **(Beleg Nr. 14)**. Der Mandant zahlt den festgesetzten Betrag nebst Zinsen am 15.02. Berechnen Sie den Betrag, den der Mandant inklusive Zinsen an die Gegenseite überweist.

15. In Sachen Mustermann ./. Mustermann zahlen Sie für den Mandanten einen Gerichtskostenvorschuss in Höhe von 723,00 € per Verrechnungsscheck vom 16.02. ein **(Beleg Nr. 15)**. Der Scheck wird dem Geschäftskonto der Kanzlei am 24.02. belastet.

16. Die Kanzlei kauft einen neuen Schreibtisch. Die Ambiente Stuhlsysteme, Inhaber Otto Wolf, stellt hierfür mit Rechnung vom 28.10., Nr. 1447011 4.176,90 € in Rechnung **(Beleg Nr. 16)**. Der Rechnungsbetrag wird per Überweisung am 05.11. vom Bankkonto beglichen. Buchen Sie die Anschaffung und die AfA im ersten Jahr (ND = 13 Jahre).

17. Die Kanzlei verkauft den Schreibtisch (s. Aufgabe 16.) am 15.03. des Folgejahres und übergibt dem Käufer, Herrn Mustermann, am 15.03. die Rechnung Nr. 1500512 **(Beleg Nr. 17)**. Der Rechnungsbetrag in Höhe von 3.189,20 € wird vom Herrn Mustermann per Banküberweisung am 21.03. beglichen.

18. Die Telefonrechnung der Data Plus GmbH für den Monat Dezember vom 27.12., Nr. 9240235147 **(Beleg Nr. 18)** wird am 08.01. vom Bankkonto der Kanzlei abgebucht.

19. RA Watzon entnimmt sich am 04.03. aus der Kasse 200,00 € **(Beleg Nr. 19)**.

20. Die Kanzlei kauft acht neue Bürostühle und erhält hierfür die Rechnung von der Ambiente Stuhlsysteme, Inhaber Otto Wolf, vom 28.10., Nr. 4587 mit einem Gesamtbetrag in Höhe von brutto 2.198,88 € (**Beleg Nr. 20**). Die Rechnung wird am 07.11. vom Bankkonto der Kanzlei überwiesen. Bitte buchen Sie die Anschaffung mit dem geringsten Gewinnausweis (= größtmögliche Abschreibung).

21. Sie erhalten die Rechnung der Firma Phoenix Wohnungsgesellschaft & Hausverwaltungs AG vom 28.02., Nr. 15/12365 über die März-Miete für die Kanzleiräume (**Beleg Nr. 21**) über 5.831,00 € brutto. Die Bezahlung erfolgt am 01.03. per Banküberweisung.
    a) Welche Form der bargeldlosen Zahlung ist bei der Mietzahlung sinnvoll? Bitte begründen Sie Ihre Antwort kurz.
    b) Bitte buchen Sie den Beleg.

22. Sie bestellen Hängehefter und einen Locher bei der Büro tech GmbH. Die Rechnung der Büro tech GmbH vom 17.02., Nr. 90009821123456 über 103,28 € brutto (**Beleg Nr. 22**) wird am 26.02. vom Bankkonto der Kanzlei überwiesen.

23. RA Dr. Holms ist mit dem Taxi zu einem Besprechungstermin gefahren und übergibt Ihnen einen Taxibeleg vom 10.03. (**Beleg Nr. 23**). Sie erstatten ihm am gleichen Tag 8,90 € aus der Kasse.

24. Die Kanzlei erteilt Herrn Mustermann am 31.03. die Abrechnung über das vereinbarte Pauschalhonorar Nr. 15000398 (**Beleg Nr. 24**). Der Rechnungsbetrag in Höhe von 595,00 € wird dem Bankkonto der Kanzlei am 15.04. gutgeschrieben.
    a) Buchen Sie den Zahlungseingang.
    b) In welcher Umsatzsteuer-Voranmeldung muss dieser Vorgang erfasst werden?
    c) Bis wann muss die Vorauszahlung (s. b) grundsätzlich an das Finanzamt erfolgen?
    d) Gibt es Ausnahmen zu c)?
    e) Wie sind die Voraussetzungen für d)?

25. Rechtsanwalt Dr. Holms renoviert die Kanzlei. Hierfür kauft er im Boom Baumarkt Farbe, Wandhaken und Dübel (**Beleg Nr. 25**). Die Rechnung des Baumarktes vom 05.12., Nr. 12/3985472 in Höhe von 33,76 € wird am 08.12. vom Bankkonto der Kanzlei abgebucht.

26. Die Höhner Vorsorgeberatung stellt der Kanzlei in Sachen Mustermann ./. Mustermann für die Prüfung und Berechnung eines Versorgungsausgleichsanspruchs mit ihrer Rechnung vom 10.02., Nr. 0122, einen Betrag in Höhe von brutto 119,00 € in Rechnung (**Beleg Nr. 26**). Der Betrag wurde vom Bankkonto der Kanzlei am 18.02. überwiesen.

27. Die Landesjustizkasse Nordpol rechnet mit Kostenneuberechnung vom 12.03., Kassenzeichen 884202369787, über den eingezahlten Gerichtskostenvorschuss in Sachen Mustermann ./. Mustermann ab (**Beleg Nr. 27**). Der sich zugunsten des Mandanten ergebende Erstattungsbetrag geht am 20.03. auf dem Bankkonto der Kanzlei ein.

28. Rechtsanwalt Watzon hat einen neuen Büroschrank (ND 13 Jahre) bestellt, der am 09.01. geliefert wurde. Die Büro tech GmbH übersendet hierfür ihre Rechnung vom 11.02., Nr. 9000553102015 über einen Betrag in Höhe von 458,15 € (**Beleg Nr. 28**). Der Betrag wird am 15.02. vom Bankkonto der Kanzlei überwiesen.

a) Welche Möglichkeiten bestehen für die Kanzlei in Bezug auf die Abschreibung im Anschaffungsjahr?

b) Welche Methode ist für die Kanzlei am günstigsten?

c) Buchen Sie den Vorgang nach der von Ihnen unter b) genannten Methode.

29. Sie beantragen am 23.01. postalisch (das beA-Postfach weist Systemfehler auf) einen Pfändungs- und Überweisungsbeschluss in Sachen Mustermann ./. Mustermann. Für den Antrag werden von der Kanzlei 22,00 € Gerichtskosten per Verrechnungsscheck verauslagt **(Beleg Nr. 29)**, die dem Bankkonto der Kanzlei am 10.02. belastet werden.

a) Bitte beschreiben Sie stichpunktartig, wie die bargeldlose Zahlung per Verrechnungsscheck erfolgt

b) Buchen Sie die Belastung des Schecks vom Bankkonto der Kanzlei.

30. Rechtsanwalt Watzon hat am 06.03. bei der Bürohengst GmbH Trennstreifen, Ordner und Register gekauft und bar bezahlt. Er übergibt Ihnen die Quittung vom 06.03. **(Beleg Nr. 30)**. Sie erstatten ihm den Betrag noch am gleichen Tag aus der Kasse.

31. Rechtsanwalt Dr. Holms kauft bei der Erde Elektro Handels GmbH ein neues Notebook. Außerdem kauft er zwei Musik-CDs und einen Fön. Er übergibt Ihnen den Beleg vom 14.03., Nr. 9532 **(Beleg Nr. 31)**. Der Rechnungsbetrag in Höhe von brutto 878,97 € wird vom Bankkonto der Kanzlei am 19.03. abgebucht. Bitte buchen Sie den Einkauf und gehen Sie beim Notebook von der Anwendung des Sofortabzuges aus.

32. Rechtsanwalt Dr. Holms hat einen Gerichtstermin in Köln wahrgenommen. Hierfür sind Flugkosten der Fluggesellschaft AIRCOLOGNE in Höhe von 140,70 € brutto entstanden, die die Fluggesellschaft am 07.01. mit Buchungsbestätigung und Rechnung Nr. 1400082577/1 **(Beleg Nr. 32)** abrechnet. Der Betrag wird am 20.01. vom Bankkonto der Kanzlei abgebucht.

33. In Sachen Mustermann ./. Musterfirma zahlt die Gegenseite auf den vor dem Arbeitsgericht Norden am 21.05. geschlossenen Vergleich **(Beleg Nr. 33)** den Abfindungsbetrag in Höhe von 13.332,00 € durch Überweisung auf das Geschäftskonto der Kanzlei. Der Betrag, der dem Kanzleikonto am 05.07. gutgeschrieben wurde, kann an den Mandanten wegen fehlender Bankverbindung nicht weitergeleitet werden. Herr Mustermann ist nicht erreichbar.

a) Was ist im Hinblick auf den eingegangenen Vergleichsbetrag zu beachten?

b) Veranlassen Sie alle notwendigen Buchungen.

34. und 35. Rechtsanwälte Dr. Holms und Watzon haben einige wichtige Mandanten der Kanzlei zum Essen in das Hotel „Zur Goldenen Ganns" eingeladen. Hierfür sind gem. Rechnung vom 18.12. Nr. 15/00128 für das Essen Kosten in Höhe von 412,80 € brutto entstanden **(Beleg Nr. 34)**. Außerdem hat das Hotel für Getränke die Rechnung Nr. 15/00129 **(Beleg Nr. 35)** übersandt.

Prüfen Sie die ausgestellten Rechnungen im Hinblick auf den Bewirtungsaufwand und den Vorsteuerabzug. Gehen Sie davon aus, dass die gem. § 4 Abs. 5 Nr. 2 EStG erforderlichen Angaben (Ort, Datum, Anlass und Teilnehmer der Bewirtung) gemacht worden sind und die Angaben unterschrieben wurden.

36. Rechtsanwalt Dr. Holms lässt sich am 14.03. von Ihnen 50,00 € aus der Kasse geben, weil er seine Geldbörse zu Hause vergessen hat **(Beleg Nr. 36)**.

37. Sie bekommen den Auftrag, für den Geburtstag des Mandanten Max Mustermann drei Flaschen Prosecco zu kaufen und erhalten hierfür die Rechnung der ROWO GmbH vom 10.04., Rechnungsnummer Nr. 01/666/01 **(Beleg Nr. 37)**. Es ist das einzige Geschenk, das Sie dem Mandanten Mustermann in diesem Jahr zukommen lassen.
    a) Wie ist diese Ausgabe ertragssteuerlich (EStG) zu werten?
    b) Würde es sich um steuerpflichtigen Arbeitslohn handeln, wenn Sie den Prosecco für den Geburtstag einer Kollegin gekauft hätten?
38. Die Kanzlei hat in Sachen Mustermann ./. Mustermann ein vorläufiges Zahlungsverbot zustellen lassen und hierfür von der Gerichtsvollzieherin Glückauf die Rechnung vom 26.01. über 18,40 € **(Beleg Nr. 38)** erhalten. Diesen Betrag überweisen Sie vom Bankkonto der Kanzlei.
39. Die Haftpflichtversicherung der Kanzlei wird von der Dresdner Versicherung mit Rechnung vom 11.02., Nr. 87495 abgerechnet **(Beleg Nr. 39)**. Der Rechnungsbetrag in Höhe von 190,26 € wird am 18.02. vom Kanzleikonto überwiesen.
40. Rechtsanwalt Watzon übergibt Ihnen für sein ausschließlich betrieblich genutztes Fahrzeug den Tankbeleg der NORD Tankstelle vom 09.01., Nr. 01/3666/01 über 49,29 € **(Beleg Nr. 40)**. Der Betrag wurde von Rechtsanwalt Watzon versehentlich mit seiner privaten EC-Karte bezahlt. Sie erstatten ihm den Betrag in Höhe von 49,29 € am 15.01. aus der Kasse.
41. Ihre Mitarbeiterin, Frau Gisela Müller, besucht ein RVG-Seminar. Sie erhalten die Rechnung der Rhein Fachseminare Herbert Meierhuber vom 15.03., Nr. 5145 **(Beleg Nr. 41)**, über einen Gesamtbetrag in Höhe von 249,90 €. Der Rechnungsbetrag wird per Banküberweisung beglichen.
42. Die Kanzlei stellt ihrer Mandantin, Frau Mustermann, für die Tätigkeit in Sachen Mustermann ./. Mustermann wg. Ehescheidung und Folgesachen am 23.10. einen Restbetrag in Höhe von 1.169,05 € in Rechnung **(Beleg Nr. 42)**. Die Mandantin, die am 13.03. und 05.09. des Vorjahres jeweils einen Vorschuss in Höhe von 357,00 € brutto gezahlt hat, überweist den Restbetrag in Höhe von 1169,05 € auf das Bankkonto der Kanzlei.
    a) Wie lauteten die Buchungen bei Eingang der Vorschusszahlungen?
    b) Wie buchen Sie die Restzahlung?
43. Rechtsanwalt Dr. Holms kauft am 29.10. eine Monatsmarke beim ÖVM und übergibt Ihnen eine Kopie des Fahrausweises **(Beleg Nr. 43)**. Sie erstatten den Betrag in Höhe von 71,50 € am 31.10. bar aus der Kasse.
44. In der Zwangsvollstreckungssache Mustermann ./. Schlimmer erscheint der Schuldner Horst Schlimmer am 01.04. in der Kanzlei und zahlt einen Betrag in Höhe von 800,00 € **(Beleg Nr. 44)**. Dem Kostenteil der Akte entnehmen Sie, dass alle bisher entstandenen Gebühren und Auslagen bereits ausgeglichen sind.
45. Rechtsanwälte Dr. Holms und Watzon haben ihre Mandanten Mustermann und Kah im Restaurant „Dat dicke Trömmelche" zum Essen eingeladen und bar bezahlt. Sie erhalten den Beleg des Restaurants vom 14.03. über 197,10 € **(Beleg Nr. 45)**.
    a) Ist dieser Beleg als Ausgabenbeleg geeignet?
    b) Falls ja, wie wäre zu buchen?

46. Rechtsanwalt Watzon kauft sich ein neues Auto und schließt mit der Freelancer Automobil Financial Services einen Darlehensvertrag, der am 19.09. durch den Zahlungsplan **(Beleg Nr. 46)** bestätigt wird. Die Abbuchung der monatlichen Raten erfolgt jeweils zum 05. eines jeden Monats. Wie lautet der Buchungssatz zur monatlichen Tilgung und zur Zahlung der Schlussrate?

47. Der Mitgliedsbeitrag für die Mitgliedschaft von Dr. Holms für das laufende Jahr wird vom Münchner Anwaltsforum e.V. am 03.01. mit Rechnung Nr. 666–99 in Höhe von 233,00 € **(Beleg Nr. 47)** abgerechnet und vom Bankkonto der Kanzlei am 25.01. überwiesen.

48. Rechtsanwalt Watzon übergibt Ihnen den Tankbeleg der AUSTRIA Tankstelle vom 16.03., Nr. 03/12346/03 über 43,80 € **(Beleg Nr. 48)**. Die Abbuchung vom Bankkonto erfolgte am 20.03. Das Fahrzeug wird ausschließlich betrieblich genutzt. Bitte prüfen Sie, ob eine Betriebsausgabe vorliegt und der Vorsteuerabzug aus dem Beleg möglich ist.

49. Rechtsanwalt Dr. Holms hat einen Ortstermin für seinen Mandanten in Bielefeld wahrgenommen und im Hotel Uranus übernachtet. Dr. Holms übergibt Ihnen die Rechnung des Hotels URANUS Bielefeld-City vom 20.10., Nr. 44634 über insgesamt 74,00 € **(Beleg Nr. 49)**, die er aus eigener Tasche bar verauslagt hat. Sie erstatten ihm den Rechnungsbetrag am 31.10. per Überweisung vom Bankkonto der Kanzlei.

50. In der Post finden Sie die Rechnung des Übersetzungsbüros Genc Yildirim vom 06.03., Nr. 1/32-202449 über brutto 252,87 € für Dolmetscherleistungen im Gerichtstermin vom 20.02. in Sachen Öztürk ./. Öztürk **(Beleg Nr. 50)**. Die Kanzlei hat das Übersetzungsbüro in eigenem Namen beauftragt. Der Rechnungsbetrag wird vom Kanzleikonto am 18.03. überwiesen.

51. Die Junge Dresdner Versicherung übersendet mit Rechnung vom 31.12. Nr. 380–654 die Prämienrechnung über die Berufsunfähigkeitsversicherung von Dr. Holms **(Beleg Nr. 51)**. Der Betrag in Höhe von 714,00 € wird am 10.01. vom Bankkonto der Kanzlei überwiesen.

52. Die Kanzlei kauft Ihnen einen neuen Bürostuhl (ND 13 Jahre). Die Ambiente Stuhlsysteme, Inhaber Otto Wolf, übersendet Ihnen hierfür die Rechnung Nr. 47869 vom 04.07. über 1.577,94 € **(Beleg Nr. 52)**. Der Rechnungsbetrag wird am 07.07. vom Kanzleikonto abgebucht. Bitte buchen Sie den Kauf und die AfA im Jahr der Anschaffung.

53. Rechtsanwalt Watzon kauft für Sie und Ihre Kollegin jeweils ein Geschenkset Essig und Öl. Der Betrag in Höhe von insgesamt 18,99 € wurde von Rechtsanwalt Watzon bar am 20.12. bezahlt **(Beleg Nr. 53)**. Den Rechnungsbetrag hat sich RA Watzon noch am selben Tag aus der Kanzleikasse erstatten lassen.

54. Der Mandant Mustermann zahlt die Kostennote vom 18.03., Nr. 1500313 **(Beleg Nr. 54)**. Die Zahlung in Höhe von 1.130,45 € geht am 28.03. auf dem Bankkonto der Kanzlei ein.

55. Rechtsanwalt Dr. Holms hat 03.05. für seine Familie einen neuen Fernseher bei der ERDE Elektro Handels GmbH gekauft. Die Abbuchung des Rechnungsbetrages in Höhe von 1.250,00 €, ausgewiesen in der Rechnung der ERDE GmbH vom 03.05., Nr. 9536 **(Beleg Nr. 55)** erfolgte vom Bankkonto der Kanzlei am 10.05.

56. Für die Online-Ausgaben der Zeitschriften „Der Büro-Berater", die „Isar-Notare" und die „Börsenmitteilungen" stellt die Buch King-Online Datenbank mit Rechnung vom 02.02., Nr. 00428945 einen Betrag in Höhe von insgesamt 24,99 € in Rechnung (**Beleg Nr. 56**), die am 05.02. vom Bankkonto der Kanzlei abgebucht wird.

57. Dr. Holms wird von Rechtsanwalt Patrick Jane im eigenen Namen beauftragt, den Mandanten, Herrn Mustermann, in einem Verfahren vor dem Amtsgericht München zu vertreten. Sie erstellen am 20.03. die Rechnung Nr. 1500498 über insgesamt 2.126,23 € (**Beleg Nr. 57**) und senden diese an Rechtsanwalt Jane. Der Rechnungsbetrag geht am 03.04. auf dem Bankkonto der Kanzlei ein.

58. Sie bereiten in Sachen Mustermann ./. Mustermann ein Aufforderungsschreiben an die Gegenseite vor. Anlass ist der bisher nicht bezahlte Kostenfestsetzungsbeschluss des Amtsgerichts Norden vom 23.03., Az. 5 C 47/15 (**Beleg Nr. 58**), mit dem die Gegenseite verpflichtet wurde, an unseren Mandanten 1.320,54 € zzgl. Zinsen in Höhe von 5 Prozentpunkten über dem Basiszins seit dem 15.01. zu bezahlen.

    a) Bitte berechnen Sie, welchen Betrag die Gegenseite zahlen muss, wenn das Geld am 15.04. des gleichen Jahres dem Kanzleikonto gutgeschrieben werden soll (kein Schaltjahr).

    b) Die Gegenseite zahlt den unter a) errechneten Betrag. Offene Honoraransprüche gegen den Mandanten bestehen nicht. Bitte buchen Sie die Zahlung.

59. Sie kaufen Bleistifte und Kugelschreiber bei der Schreibfix, Inhaberin Maria Müller und erhalten die Rechnung Nr. 0000080 vom 19.08. über brutto 5,20 € (**Beleg Nr. 59**), die Sie bar bezahlen.

60. Sie kaufen Aspirin für die Kanzlei bei der Apotheke Pille und erhalten hierüber die Rechnung Nr. 0000165 vom 16.09. (**Beleg Nr. 60**) über 22,98 € brutto, die Sie bar bezahlen.

2.
Belegsammlung

Beleg-Nr. 1

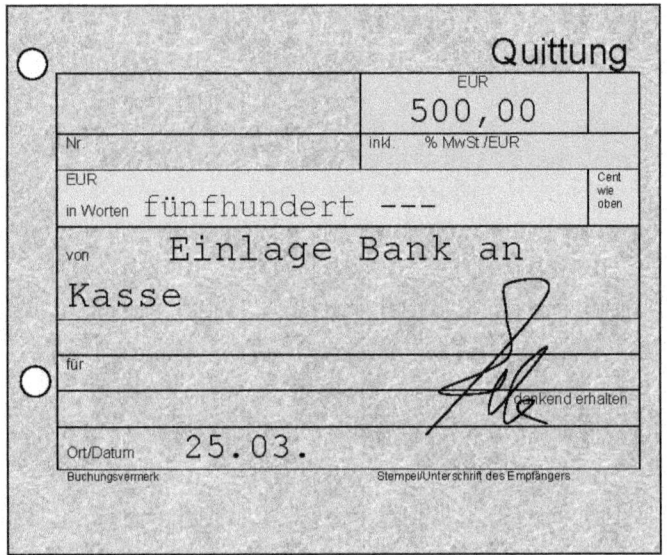

Quittung

EUR
500,00

Nr.   inkl.   % MwSt./EUR

EUR   Cent
wie
in Worten fünfhundert ---   oben

von **Einlage Bank an
Kasse**

für

dankend erhalten

Ort/Datum **25.03.**

Buchungsvermerk   Stempel/Unterschrift des Empfängers

Beleg-Nr. 2

```
Von aussen gut lesbar
hinter die
Windschutzscheibe legen.

Stadt München

Herzog-Otto-Str.

NR08593678 12:38
29.01.

Parkzeitende

        14:53
        29.01.
```

```
Herzog-Otto-Str.
Beleg Nr. 08593678
P-Ende 14:53 Do. 29.01.
Betrag 1,60 EUR
```

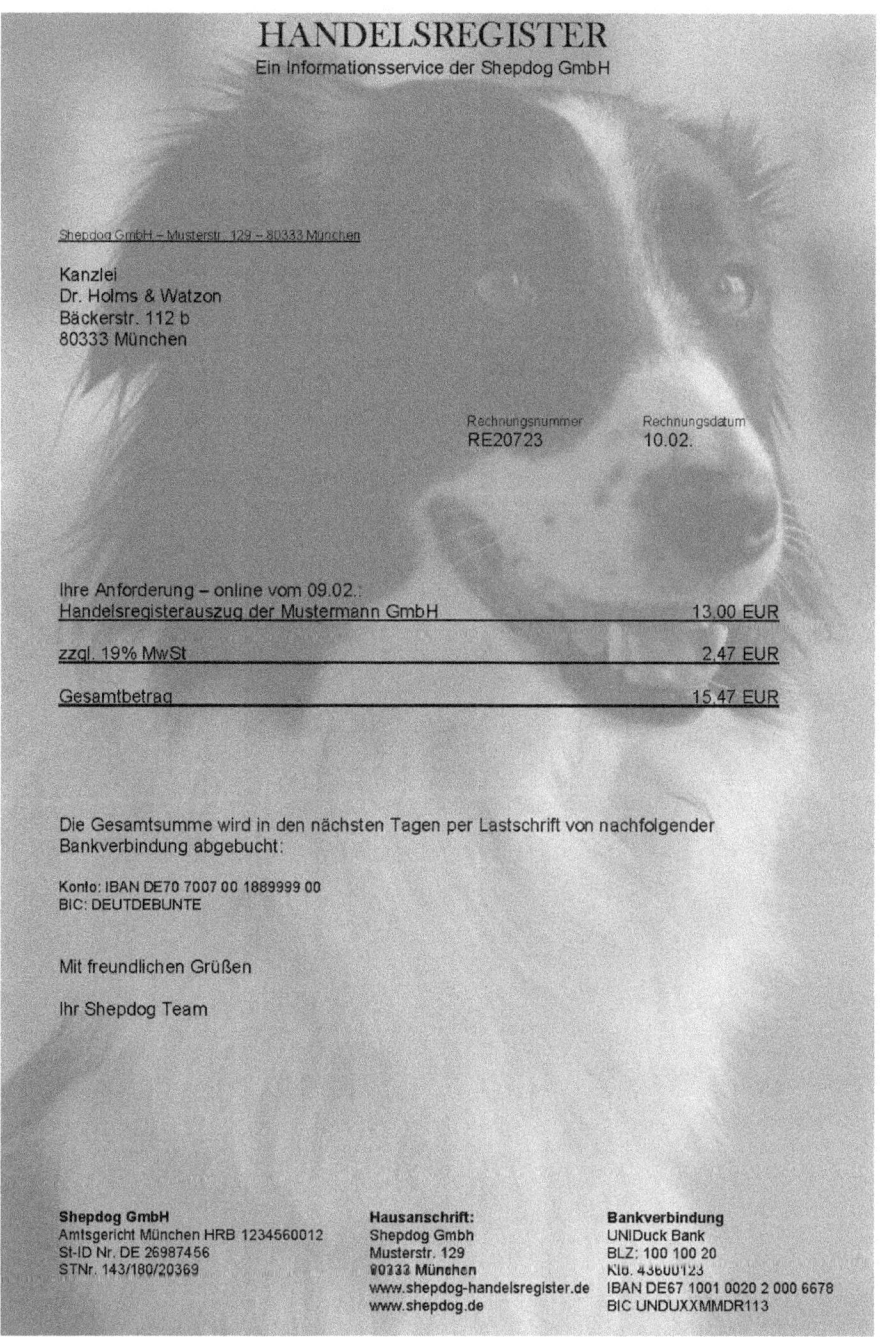

HANDELSREGISTER

Ein Informationsservice der Shepdog GmbH

Shepdog GmbH – Musterstr. 129 – 80333 München

Kanzlei
Dr. Holms & Watzon
Bäckerstr. 112 b
80333 München

	Rechnungsnummer	Rechnungsdatum
	RE20723	10.02.

Ihre Anforderung – online vom 09.02.:
Handelsregisterauszug der Mustermann GmbH .... 13.00 EUR

zzgl. 19% MwSt .... 2.47 EUR

Gesamtbetrag .... 15.47 EUR

Die Gesamtsumme wird in den nächsten Tagen per Lastschrift von nachfolgender
Bankverbindung abgebucht:

Konto: IBAN DE70 7007 00 1889999 00
BIC: DEUTDEBUNTE

Mit freundlichen Grüßen

Ihr Shepdog Team

Shepdog GmbH	**Hausanschrift:**	**Bankverbindung**
Amtsgericht München HRB 1234560012	Shepdog Gmbh	UNIDuck Bank
St-ID Nr. DE 26987456	Musterstr. 129	BLZ: 100 100 20
STNr. 143/180/20369	80333 München	Kto. 43600123
	www.shepdog-handelsregister.de	IBAN DE67 1001 0020 2 000 6678
	www.shepdog.de	BIC UNDUXXMMDR113

UCH KING

VERLAG ELSE KING, POSTF. 123456, 33544 BIELEFELD

RECHNUNG

Bei Zahlung bitte unbedingt angeben
Referenz: 4061234568

Kanzlei
Dr. Holms & Watzon
Bäckerstr. 112 b
80333 München

Kundennummer	1003123654
Belegnummer:	00406166
Datum:	26.01.
Ihr Ansprechpartner:	Frau Antonia Ziffer
Telefon:	+49(0)5241 60-12
Fax:	+49(0)5241 60-11
E-Mail:	antonia.ziffer@verlag.de

Menge	Titel	Preis		Versand-kosten	Gesamtpreis in EUR	MwSt. Satz %
1	**FamZeit** **ZS für Familienrecht** Bestellt am: 18.11.2004 Ausgabe 001/20.. – 024/20.. für Abo-Nr. 007 Lieferzeitraum von 01. bis 12.	242,00	242,00	18,00	260,00	7,0

Betrag ohne MwSt	MwSt.-Satz	MwSt.-Betrag	Summe ohne Abzug
242,99 EUR	**7,0%**	**17,01 EUR**	**260,00 EUR**

Eigentumsvorbehalt bis zu vollständigen Bezahlung.
Reklamationen innerhalb von 8 Tagen

Zahlbar nach Erhalt der Rechnung

Verlag Else King	Zahlung bitte an:	Amtsgericht Bielefeld
Musterstr. 30, 53617 Bielefeld	IBAN: DE08 00123 456 789	HRB 123456
www.elseking-verlag.de	BIC: PINGPANTERXXX	Ust.-ID: DE123456
Geschäftsführer: Else King		Steuer-Nr. 340/123456

Rechnung/Invoice
Stempel Werkstatt

Stempel Werkstatt – Musterstr. 13 – 80333 München

Kanzlei
Dr. Holms & Watzon
Bäckerstr. 112b

80333 München

Rechnung Nr. : 01234567
Auftragsnummer: 58915879
Rechnungsdatum: 01.10.
Leistungsdatum 01.10.
Versandart: DPD Paketdienst

1 x   Edelst_2   Edelstahlstempel 4-zeilig   78,87 EUR
    Posteingangstempel nach
    Online-Layout mit integriertem
    Stempelkissen, Farbe schwarz

Vert.	Frist not.		KR/ KTA	Mdt.:
RA	EINGEGANGEN			Kennt - nis.
SB	01. Januar 20			Zahl- ung
Rück- spr.	Dr. Holms & Watzon Rechtsanwälte			Rück- spr.
zdA				Stell- ungn.

Lieferadresse:
Dr. Holms und Watzon
Bäckerstr. 112b
80333 München

    Versandkosten   2,94 EUR
    Summe netto   81,81 EUR
    MwSt (19%)   15,54 EUR

Gesamt   97,35 EUR

Dr. Ariane Sommer   IBAN DE0947007002200123451234   Musterstr. 1a
Finanzamt München   BIC: BUNTEDEYYXX   80333 München
Steuernummer 148/180/123456   Tel. 089 1234567
USt.-ID DE2265112345   Fax 089 1234568
        mail@stempel-werkstatt.de
        www.stempel-werkstatt.de

Blumen Bine

Qualität für die schönen Augenblicke des Lebens.

Name: _____

_____

Straße: _____

Ort: _____

Datum: _____ **15.3.**

Rechnung / Lieferschein Nr. _____

Artikel	Summe €
Blumen	42,80,-

Kreissparkasse Kornfeld

BLZ 700 515 40 Kto 885588

Ust-ID: DE 127 123 246

Netto **7**

MwSt. ..... %

Endbetrag **42,80**

www.BlumenBine.de

Inhaberin: Sabine April
Musterstr. 2, 85247 Kornfeld
Tel. 08138 / 3536 Fax. 08138 / 3537
sabineapril@blumenbine.de

Die Aufbewahrungspflicht für diesen Beleg beträgt gem. § 14b Abs. 1 UstG im
nichtunternehmerischen Bereich zwei Jahre.

**Rechtsanwälte
Dr. Holms & Watzon**

<u>Kanzlei Dr. Holms & Watzon . Bäckerstr. 112b . 80333 München</u>

Frau
Maria Mustermann
Musterstr. 1
80333 München

Kanzlei für
Mietrecht
Arbeitsrecht
Familienrecht

Dr. Sigbert Holms
Fachanwalt für Miet- und Arbeitsrecht

Johannes Watzon
Fachanwalt für Familienrecht Mediator

Bäckerstrasse 112b
80333 München

Tel. +49 (0)89 70070070
Fax +49 (0)89 70070071

info@dr.holmsundwatzon
www.holmsundwatzon.de

Mustermann ./. Mustermann   05.06.
Verfahren vor dem Arbeitsgericht München, AZ: 43 Ca 3250/14   325/14/HO/MS
                                                                 d3/1002-14

Sehr geehrte Frau Mustermann,

wir erlauben uns, Ihnen nachstehende heutige Liquidation zu übermitteln.

Rechnungs-Nr. 14005124

Gegenstandswert: 42.243,30 EUR

1,3 Verfahrensgebühr Nr. 3100 VV RVG	1.557,40 EUR
1,2 Terminsgebühr Nr. 3104 VV RVG	1.437,60 EUR
1,0 Einigungsgebühr, anhängiges gerichtliches Verfahren Nr. 1003 VV RVG	1.198,00 EUR
Zwischensumme Gebührenposition	4.193,00 EUR
Pauschale für Post und Telekommunikation Nr. 7002 VV RVG	20,00 EUR
Zwischensumme netto	4.213,00 EUR
19% Umsatzsteuer Nr. 7008 VV RVG	800,47 EUR
zu zahlender Betrag	5.013,47 EUR

Wir bitten um Überweisung des Rechnungsbetrages auf unser Kanzleikonto.

Mit freundlichen Grüßen

Dr. Sigbert Holms
Rechtsanwalt

USt-IDNr. 149/199/19996
Konto: IBAN DE70 7007 00 1889999 00
BIC: DEUTDEBUNTE

Münchener Briefmarkenzentrum
Musterstrasse 100
81671 München
840147767   08.01.

Rechnung Nr. 15/008123

6350
Markenset 10 x 1,45 EUR
             10 Stück x 14,50 EUR
*145,00 EUR   A,1

6351
Markenset 10 x 0,62 EUR
             10 Stück x 6,20 EUR
*62,00 EUR   A,1

6352
Markenset 10 x 0,85 EUR
             10 Stück x 8,50 EUR
*85,00 EUR   A,1

Bruttoumsatz   ***292,00 EUR**
umsatzsteuerbefreit nach § 4 UStG A
Nettoumsatz A   ***292,00 EUR**

Steuernummer des Münchener
Briefmarkenzentrum:
5211/5888/1423

Vielen Dank für Ihren Besuch. Ihr
Münchener Briefmarkenzentrum.

                    Weitersagen:
                    neu in München!

Amtsgericht Norden

Amtsgericht Norden, PF 1411, 10002 Norden

Rechtssanwälte
Dr. Holms und Watzon
Bäckerstr. 112 b
80333 München

Vert.	Frist not.		KR/ KfA	Mdt.:
RA	**EINGEGANGEN**			Kennt - isn.
SB	**23. Februar**			Zahl-ung
Rück-spr.	**Dr. Holms & Watzon** Rechtsanwälte			Rück-spr.
zdA				Stell-ungn.

für Rückfragen:
Telefon: 08001/99699- 501
Telefax: 08001/99699 – 512
Zimmer: 125
Sie erreichen die zuständige Stelle
am besten:
Montag – Donnerstag
08:30 Uhr – 15:00 Uhr
Freitag 8:30 Uhr – 12:30 Uhr

Bitte bei Antwort angeben

Ihr Zeichen	Akten- / Geschäftszeichen	Datum
229/14/HO/MS	004 Ba 6800/14	19.02.

In Sachen
Musterfrau Maria ./. Mustermann Herbert
wg. Kündigung

Sehr geehrte Damen und Herren Rechtsanwälte,

die anliegende Akte erhalten Sie **zur Einsichtnahme für 3 Tage.**

Um die Einzahlung des für die Versendung der Akten anfallenden Pauschalbetrages von
12,00 € wird gebeten.
Den Betrag können Sie wie folgt bezahlen:

- Überweisung bzw. Einzahlung auf folgendes Bankkonto:

  Bank: Stadtsparkasse Norden   Empfänger: Landesjustizkasse Nordpol
  Bankleitzahl: 72121000   Konto: 5000000
  BIC: BYLADEMING   IBAN: DE43721210005000000

- Gerichtskostenstempler

**Bitte geben Sie das Gericht, das Aktenzeichen sowie die Bezeichnung der Sache an,
da sonst eine ordnungsgemäße Verbuchung nicht möglich ist und die Zahlung dem
Gericht nicht mitgeteilt werden kann (Beispiel: AG Norden, 004 Ba 6800/14, Musterfrau
Maria ./. Mustermann Herbert wg. Kündigung).**

Um baldmögliche Rückgabe wird gebeten.

Mit freundlichen Grüßen
Auf Anordnung

gez.
Engl, JAng
Urkundsbeamtin der Geschäftsstelle
Dieses Schreiben wurde elektronisch erstellt und ist ohne Unterschrift gültig.

Hausanschrift	Haltsstelle	Nachtbriefkasten	Kommunikation
Musterstr. 5	S4 – Norden	Musterstr. 5	Telefon: 08001/99699- 0
10002 Norden	Bus 843 und 846	10002 Norden	Telefax: 08001/99699 – 512
	Amtsgericht Norden		

Old Shatterhand

Steaks & Spareribs
since 1896

Musterstr. 6
81675 München

USt.-ID: DE 18961870

Datum 20.12.   Rechnung 324

Tisch#5
Kanzlei Dr. Holms u. Watzon
Bäckerstr. 112b
80333 München

6 x Spareribs à14,90 €	89,40 €
Baked Potado mit Sour Cream	3,50 €
8 x Gemischer Salat à 5,90 €	47,20 €
Maiskolben mit Kräuterbutter	3,50 €
Eisdessert "Tartuffo"	5,50 €
4 x 3,30 € Schwip-Schwap (0,4l)	13,20 €
Tafelwasser (0,4l)	3,20 €
4 x 5,30 € Beck's Pils vom Fass (0,5l)	21,20 €
4 x Tafelwasser (0,2l) à 2,00 €	8,00 €
Pepsi Cola (0,4l)	3,30 €
Weinschorle weiß (0,4l)	4,80 €
Helles (0,3l)	2,40 €
Vielen Dank für Ihr Trinkgeld	8,80 €

Summe	214,00 €
Nettoumsatz	181,24 €
ohne Steuer	8,80 €
Umsatz brutto 19%	205,20 €
19% Mehrwertsteuer	32,76 €
BAR	214,00 €

****

Bewirtungsaufwand-Angaben
(Par. 4 Abs. 5 Ziff. 2 EstG)

****

Bewirtete Person(en):

Oliver Reiser, Gerhard

Lindenberg, Sybille

Westernhagen, Frau

Hudson, Watzon, Holms

Ralph Hawaii, Gerboth

Grönemeier

Anlass der Bewirtung:

Geschäftsessen,

Vorbereitung

Gerichtstermin

in Sachen Lindenberg

u.a. ./. Zony Music

Höhe der Aufwendungen:

225,—

bei Bewirtung im Restaurant
....

in anderen Fällen:

....

München, 20.12.

Ort   Datum

Münchener Farbkleckserei Druck & Verlag GmbH, Musterstr. 10, 80333 München

Kanzlei
Dr. Holms & Watzon
z.Hd. Frau Müller
Bäckestr. 112b
80333 München

Vert.	Frist not.		KR/ KIA	Mdt.:
RA	**EINGEGANGEN**		Kennt - isn.	
SB	**21. Januar**		Zahl- ung	
Rück- spr.	**Dr. Holms & Watzon** Rechtsanwälte		Rück- spr.	
zdA			Stell- ungn.	

Münchener Farbkleckserei

Druck & Verlag

SATZ
  LAYOUT
DRUCK
WEITERVERARBEITUNG

Münchener Farbkleckserei
Musterstr. 10
80333 München

Tel. +49 89 1234567
Fax +49 89 1234569
E-Mail: info@farbkleckserei.de
Internet: www.farbkleckserei.de

USt.-IdNr. DE 1234556
FA München St.-Nr.
113/123/909090

Nachricht Ihre vom: 12.12.,   Unser Zeichen: Andreas Muster
München, 18.01.

RECHNUNG Nr. 32099
Lieferung vom 20.12.

Bezeichnung: Briefbogen   200 STK.
                 + Ex. unbedruck   200 STK

                 1-seitig 21 x 29,7 cm
                 2/0 farbig Schwarz + blau RAL 5002
                 90 g/m² Superweich tactile creme

Verarbeitung: schneiden und handlich verpacken

Satz/Litho: PDF-Datei belichtungsreif mit verbindlichem Proof von Ihnen
geliefert.

Auflage: 200 Preis/1000   EUR 750,00   EUR   150,00
                 200 Ex. unbedruckt   EUR   30,00

                                      Nettobetrag   EUR   180,00
                                      zzgl. 19% MwST. EUR   34,20
                                      Bruttobetrag EUR   214,20
                                      ===========================

Zahlbar bis 28.01. mit 2% Skonto oder bis 10.02. netto ohne Abzug

Geschäftsführer: Stadtbank München
Josef Muster   BLZ 750700200 Kto. 10000039
Sitz der Gesellschaft München   IBAN: DE 75 0700 2 00001 0000039
Registergericht München HRB 1000   SWIFT-BIC: STADBAODER

GETRÄNKEMARKT UND HEIMSERVICE LIEFERFIX

Inhaber Bratt Pit und George Clonie
Musterstr. 80 . 80796 München
Tel. u. Fax 089 / 123456
www.bratt-george.de

Getränkemarkt Musterstr. 80 . 80796 München

Kanzlei
Holms & Watzon
Bäckerstr. 112b
80333 München

München, 17.01.

		Fahrer	Tom	Pfk 1	
RECHNUNG		Rechnungsnr. 036	Kundennr. 1733	Lieferdatum 17.12.	

Artikel	Anzahl	Grundpreis € incl. MwSt.	Einzelpreis € incl. MwSt	Ges.preis €incl. MwSt.
Adel. Gourmet / Gastro 0,25	1	9,90	9,41	9,41
Adel. Classic 0,75 indiv	1	8,20	7,79	7,79
Adel. sanft 0,75 indiv	3	8,20	7,79	23,37
Volvi 1,5	2	8,80	8,36	16,72
H-Milch, von glücklichen Kühen	1	15,50	14,73	14,73
Summe	8			
+/- Pfand der letzten Lieferung				+0,00
Zwischensumme netto				68,90
19% MwSt				9,15
7% MwSt				0,96

Endsumme incl. MwSt.   **79,01 EUR**

82,--

Wir bitten, die Rechnung innerhalb der nächsten 10 Tage zu überweisen.   *= 2,99 als*

Trinkgeld

Bankverbindung: Münchner Bank BLZ 700 700 22 Konto 123456789
IBAN: DE09470070020012345678 9, BIC: BUNTEDEYYXX
Steuernummer 145/160/123456

bezahlt

GETRÄNKEMARKT UND HEIMSERVICE LIEFERFIX

Inhaber Bratt Pit und George Clonie
Musterstr. 80 . 80796 München
Tel. u. Fax 089 / 123456
www.bratt-george.de

Getränkemarkt Musterstr. 80 . 80796 München

Kanzlei
Holms & Watzon
Bäckerstr. 112b
80333 München   München, 19.01.

	Fahrer Rechnungsnr.	Tom Kundennr.	Pfk 1 Lieferdatum
KORREKTURRECHNUNG	036	1733	17.12.

Artikel	Anzahl	Grundpreis € incl. MwSt.	Einzelpreis € incl. MwSt	Ges.preis € incl. MwSt.
Adel. Gourmet / Gastro 0,25	1	9,90	9,41	9,41
Adel. Classic 0,75 indiv	1	8,20	7,79	7,79
Adel. sanft 0,75 indiv	3	8,20	7,79	23,37
Volvi 1,5	2	8,80	8,36	16,72
H-Milch, von glücklichen Kühen	1	15,50	14,73	14,73
Summe	8			
+/- Pfand der letzten Lieferung				+0,00
Zwischensumme netto				61,90
19% MwSt				9,15
7% MwSt				0,96

Endsumme incl. MwSt.   <u>**72,01 EUR**</u>

Wir bitten, die Rechnung innerhalb der nächsten 10 Tage zu überweisen.

Bankverbindung: Münchner Bank BLZ 700 700 22 Konto 123456789
IBAN: DE09470070022001234566789, BIC: BUNTEDEYYXX
Steuernummer 145/160/123456

Vollstreckbare Ausfertigung

Amtsgericht Norden
Abteilung für Familiensachen 5
Az. 523 F 632/15

Vert.	Frist not.		KR/ KfA	Mdt.:
RA	EINGEGANGEN			Kennt- isn.
SB	11. Februar			Zahl- ung
Rück- spr.	Dr. Holms & Watzon Rechtsanwälte			Rück- spr.
zdA				Stell- ungn.

In der Familiensache

Mustermann Max, geb. 06.12.1985, Staatsangehörigkeit: deutsch, Musterstrasse 5, 80331 München
- Antragsteller-

Verfahrensbevollmächtigte
Rechtsanwälte Dr. Holms & Watzon, Bäckerstrasse 112b, 80333 München, Gz.: WA/sa

gegen

Mustermann Josepha, geb. Musterfrau, geboren am 31.12.1987, Staatsangehörigkeit: deutsch, Musterstrasse 12, 10002 Norden
- Antragsgegnerin-

wegen Abänderung Ehegattenunterhalt
Kostenfestsetzung nach § 104 ZPO

ergeht durch das Amtsgericht Norden am 10.02. folgender

Kostenfestsetzungsbeschluss

Die von dem Antragsteller an die Antragsgegnerin gem. § 104 ZPO nach rechtswirksamen

Beschluss des Amtsgerichtes Norden vom 08.01. zu erstattenden Kosten werden auf

3.116,20 €

(in Worten: dreitausendeinhundertsechzehn 20/100 EUR)

nebst Zinsen in Höhe von 5%-Punkten über dem Basiszinssatz gem. § 247 BGB hieraus seit

15.01. festgesetzt.

Gründe:

Die Berechnung des beantragten Betrages ist gebührenrechtlich nicht zu beanstanden.

Nur zur Verrechnung

LÄHMANN BROTHERS BANK
Privat- Geschäftskunden AG

DE

Zahlen Sie gegen diesen Scheck

Betrag: EUR, Cent

Sieben - zwei - drei

Betrag in Buchstaben

EUR

732,00

noch Betrag in Buchstabe

an

oder Überbringer

Amtsgericht Norden
- Streitgericht -
10002 Norden

Gerichtskosten:
Mustermann ./. Mustermann

München,16.02.
Austellungsort, Datum

Unterschrift des Ausstellers

Der vorgedruckte Scheckvordruck darf
nicht geändert oder gestrichen
werden. Die Angabe einer
Zahlungsfrist auf dem Scheck gilt als
nicht geschrieben. AGP

	Scheck-Nr.	x	Konto.Nr.	x	Betrag	x	Bankleitzahl	x	Text
	18566810		1889899				707 00700		01h

Bitte dieses Feld nicht beschriften und nicht bestempeln.

Ambiente Stuhlsysteme

Ambiente Stuhlsysteme

Inhaber Otto Wolf
Musterstr. 87
80333 München

Ambiente Stuhlsysteme . Musterstr. 87 . 80333 München

Telefon
089 123456
Telefax
0891 234568

Kanzlei
Dr. Holms & Watzon
Bäckerstr. 112 b

ambiente@wohnen.de
www.ambiente-stuhlsysteme.de

80333 München

BLZ 70020299
Kontonr 12345600
Münchner Bank

BIC: DEDUBMUC
IBAN: DE70 202 99 12345600

USt.ID 109/180/55300

Rechnung
1447011

München, 28.10.

Kauf Büroschreibtisch
Holz- Ahorn gebeizt, Selbstabholer

Preis	3.510,00 €
zzgl. 19% MwSt	598,50 €
Rechnungsbetrag	**3.748,50 €**

Zahlbar innerhalb von 10 Tagen ohne Abzug.

Wir freuen uns, dass Sie sich für unsere Stuhlsysteme entschieden haben.

Mit freundlichen Grüßen
Otto Wolf
Inhaber

Kanzlei Dr. Holms & Watzon . Bäckerstr. 112b . 80333 München

Herrn
David Mustermann
Musterstr. 3

80333 München

**Rechtsanwälte
Dr. Holms & Watzon**

Kanzlei für
Mietrecht
Arbeitsrecht
Familienrecht

Dr. Sigbert Holms
Fachanwalt für Miet- und Arbeitsrecht

Johannes Watzon
Fachanwalt für Familienrecht Mediator

Bäckerstrasse 112b
80333 München

Tel. +49 (0)89 70070070
Fax +49 (0)89 70070071

info@dr.holmsundwatzon
www.holmsundwatzon.de

München, 15.03.

Sehr geehrter Herr Mustermann,

anbei überreichen wir unsere Kostenrechnung zum Verkauf des gebrauchten Schreibtisches
(Ihre Abholung vom 12.03.)

Rechnungs-Nr. 1500512

Schreibtisch, gebraucht	
Holz, Ahorn gebeitzt	2.680,00 EUR
Zwischensumme netto	2.680,00 EUR
19% Umsatzsteuer	509,20 EUR
zu zahlender Betrag	**3.189,20 EUR**

Wir bitten um Überweisung des Rechnungsbetrages auf unser Kanzleikonto.

Mit freundlichen Grüßen

Dr. Sigbert Holms
Rechtsanwalt

USt-IDNr. 149/199/19996
Konto: IBAN DE70 7007 00 1889999 00
BIC: DEUTDEBUNTE

DATA PLUS
Ihr privater Telefonanbieter

SCHNELL
ZUVERLÄSSIG
UNKOMPLIZIER

Data Deutschland Plus GmbH, 83171 Bonn
DV 12 0,62

Kanzlei
Dr. Holms & Watzon
Bäckerstr. 112b
80333 München

Datum:	27.12.
Seiten:	1 von 3
Kundennummer:	237353
Rechnungsnummer:	9240235147
Buchungskonto:	561 963 933
Telefon:	0800 3300133

Haben Sie Fragen zur Ihrer Rechnung?
www.dataplus.de/rechnung

Ihre Rechnung für Dezember

Die Leistungen im Überblick (Summen)	Beträge (EUR)
Monatliche Beträge	104,95
Nutzungsabhängige Beträge	95,35
Summe der oben aufgeführten Beträge	200,30
Umsatzsteuer 19% auf ... 200,30 EUR	38,06
Rechnungsbetrag	**238,36**

Der Betrag von 238,36 EUR buchen wir am 08.01. von dem uns genannten Konto ab.
Bankverbindung: IBAN DE7007001889XXXX BIC: DEUTDEBUNTE (zum besseren Schutz Ihrer Daten wird die IBAN verkürzt ausgedruck).
Mandatsreferenz: DE0002010201500000000000000123456789

Ihre Rechnung im Detail und weitere wichtige Hinweise finden Sie auf der Rückseite und den folgenden Seiten.

Postanschrift:	DATA Deutschland Plus GmbH, Musterstr. 151, 53227 Bonn
	per E-Mail: kundenservice.festnetz@data.de-mail.de
Konto:	IBAN DE80808007778080, BIC: PINKPANTER
Aufsichtsrat:	Morpheus Müller
Geschäftsführung:	Neo Meyer, Helmut Freude, Michael Habgier
Handelsregister:	Amtsgericht Bonn, HRB 123456, Sitz Bonn
Identnummern:	Steuernummern: 205/77777/77, USt-IdNr.: DE 12345678

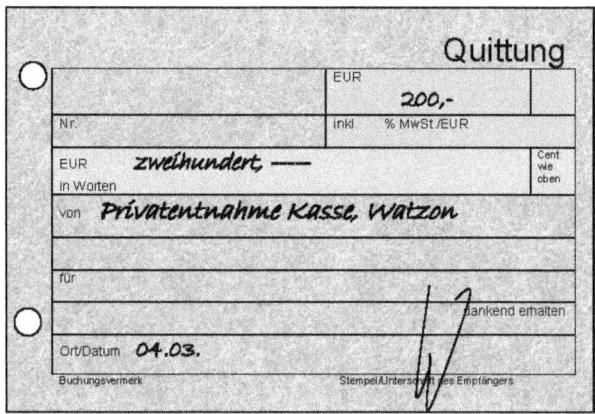

Quittung

	EUR	
Nr.	**200,-**	
	inkl. % MwSt./EUR	

EUR *zweihundert, ——*
in Worten · Cent wie oben

von *Privatentnahme Kasse, Watzon*

für

· dankend erhalten

Ort/Datum **04.03.**

Buchungsvermerk · · · · · · · Stempel/Unterschrift des Empfängers

Ambiente Stuhlsysteme

Ambiente Stuhlysteme

Otto Wolf
Musterstr. 87
80333 München

Telefon
089123456
Telefax
0891234568

ambiente@wohnen.de
www.ambiente-stuhlsysteme.de

BLZ 70020299
Kontonr 12345600
Münchner Bank

BIC: DEDUBMUC
IBAN: DE70 202 99 12345600

USt.ID 109/180/55300

Ambiente Stuhlsysteme . Musterstr. 87 . 80333 München

Kanzlei
Dr. Holms & Watzon
z.Hd. Herrn Watzon
Bäckerstr. 112 b

80333 München

Rechnung   Nr. 4587
München, 28.10.

Kauf Stühle Modell: ENTERPRISE Konferenz
Cover : Polyestergewebe (sehr robust mit atmungsaktiven Lüftungsöffnungen)
Farbe: weiß mit Chrome
8 Stück

Gewährleistung: 2 Jahre

Preis Stück 228,00 € x 8	1.824,00 €
Versandkosten und Versandversicherung	23,80 €
	1.847,80 €
zzgl. 19% MwSt	351,08 €
Rechnungsbetrag	**2.198,88 €**

Zahlbar innerhalb von 10 Tagen ohne Abzug.

Wir freuen uns, dass Sie sich für unsere Stuhlsysteme entschieden haben.

Mit freundlichen Grüßen
Otto Wolf
Inhaber

Phoenix
Wohnungsgesellschaft & Hausverwaltungs AG
Musterstr. 94
80331 München

Tel: 089 – 1234567
Fax: 089 - 1234568
Ihr Ansprechpartner:
Frau Hudson
Tel. 089 – 12345610

hudson@phoenix.de
www.phoenix-wohnungsgesellschaft.de
www.phoenix-hausverwaltung.de

Bankverbindung
UNIDuck Bank
BLZ: 100 100 20
Kto. 12300456
IBAN DE67 1001 0020 000 12300456
BIC UNDUXXMMDR412

Phoenix AG – Musterstr. 94 – 80331 München

Kanzlei
Dr. Holms & Watzon
Bäckerstr. 112b
80333 München

München, 28.02.
Rechnung-Nr. 15/12365

Miete Räumlichkeiten Bäckerstr. 112b, 80333 München
für März   4.900,00 EUR
zzgl. 19% MwSt.   <u>931,00 EUR</u>
                                                            5.831,00 EUR

Mit freundlichen Grüßen

Hudson
Phoenix Wohnungsgesellschaft und Hausverwaltung

Büro tech
Ihr Büroausstatter

Büro tech GmbH, Musterstr. 1, 50226 Frechen

Kanzlei
Dr. Holms & Watzon
Bäckerstr. 112 b
80333 München

Telefon:	02234/123456
Fax:	0800/10001 (gebührenfrei)
E-Mail	info@buerotech.de

USt.-ID.-Nr.   DE123789123
Steuernummer: 123/123456
Zollnummer: 456789

Vert.	Frist not.		KR/ KtA	Mdt.:
RA	**EINGEGANGEN**			Kennt - isn.
SB	20. Februar			Zahl- ung
Rück- spr.	**Dr. Holms & Watzon** Rechtsanwälte			Rück- spr.
zdA				Stell- ungn.

RECHNUNG

Bei Zahlung/Rückfragen unbedingt angeben.

Kunden-Nr.	Rechnungs-Nr.	Datum	Unsere Auftragsnummer
1072456	90009821123456	17.02.	1001231987

Ihre Bestellung vom	Ihre Bestelldaten	Ihr Zeichen	Lieferschein-Nr.		Blatt
16.02.	Frau Müller				1

Menge	Anzahl-Nr. /Bezeichnung	Preis/VE	EUR
25 ST	**141120-90** Hängehefter mit Tasche, grau Rechts/Linksheftung mit Biegeklammern und Lochleisten	2,09 EUR/1ST	52,25
25 ST	**141120-95** Hängehefter mit Tasche, blau Rechts/Linksheftung mit Biegeklammern und Lochleisten	2,09 EUR/1ST	52,25
1 ST	**3987-12** Bürolocher, Bürotech spezial, neongrün metallic	7,29	7,29
1 ST	Einlösung Gutschein Büro tech spezial, Neukundenrabatt		- 25,00
	Summe Positionen		86,79
	Mehrwertsteuer 19%		
	Endbetrag		16,49 **103,28**

Es gelten unsere AGB, die Sie unter Büro tech.de einsehen oder telefonisch anfordern können. Hinweis gem. § 33 BDSG Kundendaten werden gespeichert.

Büro tech GmbH	Telefon	Geschäftsführer	Frechener Bank
Musterstrasse 1	02234/123456	Heinz Muster	BLZ: 50270011
50226 Frechen	Telefax	Ralf Muster	Konto: 17171717
buerotech.de	02234/123455	Günter Muster	IBAN: DE 34 5027 0011 17171717 00
		HRB Frechen 7888	BIC: FRELUMMER

FAHRPREISQUITTUNG

Bitte vergleichen Sie die Taxi-Nr. auf der Quittung mit der Taxi-Nr. im Fahrzeug

Stadtfahrt   von _____

o   Krankenfahrt   Flughafen – Bahnhof – Hotel – Messe – Zentrum - Krankenhaus

o   Besorgungsfahrt   nach

o   Starthilfe   Flughafen – Bahnhof – Hotel – Messe – Zentrum – Krankenhaus

Taxizentrale: 089 1000 1000   **Taxi Nr. 1321**

€ _8,90_

MwSt. mit   % (7 %) ist enthalten

o   einschließlich Zuschläge

München, den _10,3,_

Futschi GmbH
Taxiunternehmen
Musterstr. 12
80935 München
Tel. 089 31315691 o. 3139326
Steuer-Nr. 809/444389

Rechtsanwälte
Dr. Holms & Watzon

Kanzlei Dr. Holms & Watzon . Bäckerstr. 112b . 80333 München

**Rechtsanwälte
Dr. Holms & Watzon**

Herr
Günter Mustermann
Musterstr. 12
81671 München

Kanzlei für
Mietrecht
Arbeitsrecht
Familienrecht

Dr. Sigbert Holms
Fachanwalt für Miet- und Arbeitsrecht

Johannes Watzon
Fachanwalt für Familienrecht Mediator

Bäckerstrasse 112b
80333 München

Tel. +49 (0)89 70070070
Fax +49 (0)89 70070071

info@dr.holmsundwatzon
www.holmsundwatzon.de

31.03.
1002/15/HO/MS
d3/1023-15

Mustermann ./. Mustermann
außergerichtliche Tätigkeit, vereinbartes Pauschalhonorar

Sehr geehrter Herr Mustermann,

wir erlauben uns, Ihnen nachstehende heutige Liquidation zu übermitteln.

Rechnungs-Nr. 15000398

Vereinbartes Pauschalhonorar	500,00 EUR
Zwischensumme netto	500,00 EUR
19% Umsatzsteuer Nr. 7008 VV RVG	95,00 EUR
zu zahlender Betrag	595,00 EUR

Wir bitten um Überweisung des Rechnungsbetrages auf unser Kanzleikonto.

Mit freundlichen Grüßen

Dr. Sigbert Holms,
Rechtsanwalt

USt-IDNr. 149/199/19996
Konto: IBAN DE70 7007 00 1889999 00
BIC: DEUTDEBUNTE

WER IST DER
BAUMEISTER?
SIE!

BOOM

Der Baumarkt

BOOM Baumarkt BmbH
Musterstr. 20
81679 München
Tel: 089 / 945577 Fax: 089 945578

401234587	Innenfarbe 1 L, braun	
	1.000 STK	9,99 A
400123612	Innenfarbe 2 L	
	1.000 STK	17,99 A
400636589	Universaldübel	
	1.000 STK	3,29 A
4000631234	Wandhaken	
	1.000 STK	2,49 A

Netto 28,36 EUR, Brutto   33,76 EUR

Kartenzahlung   EC CARD
Karte: XXXXX 8683 0 10/15
05.12.   11:32:42
Term.-ID: 710156555   3
Vorg.Nr.:   56BELEG:12/3985472
Betrag: 33,76 EUR
Zahlung erfolgt.

TOTAL   **33,76 EUR**

| MWST 19,00 % A | 5,39 EUR |
| Netto 28,36 EUR, Brutto | 33,76 EUR |

Umtausch nur mit Kassenbon,
Öffnungszeiten
Mo – Fr. 8:00 bis 20:00 Uhr
Sa. 8:00 bis 20:00 Uhr

Kostenlose Kundenhotline
0800 789326
Mo. bis Fr. von 9:00 bis 18:00 Uhr

HÖHNER
Vorsorgeberatung

Ursula Höhner

Aktuarin DAV
IVS.geprüfte versicherungsmathematische
Sachverständige für Altersvorsorge
Rentenberaterin gem. § 10 Abs. 1 Nr. 2 RDG

Ursula Höhner, Musterstrasse 12, 81670 München

Kanzlei
Dr. Holms & Watzon
Bäckerstr. 112 b
80333 München

Musterstr. 12
81670 München

Tel. +49 (0)89 30 76 42 50
Fax +49 (0)89 30 76 42 55

email: info@hoehner-vorsorge.de
www.hoener-vorsorge.de

München, den 10.02.

Honorarrechnung Nr. 0122

Versorgungsausgleich i.S. Mustermann ./. Mustermann

Sehr geehrter Herr Watzon,

für meine Tätigkeit (Prüfung der Unterlagen und Berechnung) in der Zeit vom 03.01. bis 10.02. in oben bezeichneter Angelegenheit erlaube ich mit in Rechnung zu stellen:

0,5 Std. á € 200,00	100,00 €
+ 19% MwSt.	19,00 €
Gesamtbetrag	**119,00 €**

Ich bitte um Überweisung des Rechnungsbetrages auf mein unten genanntes Konto.

Mit freundlichen Grüßen

Ursula Höhner

Die Rechnung ist nach Erhalt ohne Abzug sofort zahlbar.

Bankverbindung
Münchner Bank
BLZ 700 700 22
Konto 123456789

IBAN: DE09470070022001 23456789
BIC: BUNTEDEYYXX
Steuernummer 147/209/123456

Landesjustizkasse Nordpol

Telefon: 08001/99699 - 123
Telefax: 08001/99699 - 124
Wegen Teilzeit erreichbar:
Montag – Freitag
08:30 Uhr – 11:30 Uhr

Nordpol, 12.03.

KOSTENNEUBERECHNUNG

In der Familiensache
Mustermann Max ./. Mustermann
Maria
GeschZ: 512 F 1234/14
AG Norden
Rechnungsnummer : 884202369787

Landesjustizkasse Nordpol PF 1511, 10000 Nordpol

Kanzlei Holms & Watzon
Bäckerstr. 112b
80333 München

KASSENZEICHEN:
884202369787

Bei Zahlungen oder Zuschriften an
die Landesjustizkasse Nordpol bitte
dieses Kassenzeichen unbedingt
angeben.

Dieses Schreiben erhalten Sie als Verfahrensbevollmächtigter für Frau Maria Mustermann
Ihr Zeichen: 416/14/HO/MS

Sehr geehrte Frau Mustermann,

in der rechts oben bezeichneten Sache wurden die Gerichtskosten neu berechnet. Bitte
beachten Sie hierzu den nachstehenden Kostenberechnungsteil.

Eine durch Sie geleistete Überzahlung wird umgehend zurückerstattet.

```
K o s t e n b e r e c h n u n g
-------------------------------------------------------------------
Nr.   Satz Gegenstand des Kostenansatzes        Wert EUR   Betrag
EUR
-------------------------------------------------------------------
Gerichtskostenanteil                                       0,00
abzüglich Zahlung / Sollstellung                           112,50
zuviel eingeforderter Betrag                               112,50
```

Mit freundlichen Grüßen

Landesjustizkasse Nordpol

Dieses Schreiben wurde mit einer Datenverarbeitungsanlage erstellt und ist daher nicht
unterzeichnet.

Konto Landesjustizkasse Nordpol
Bank: Stadtsparkasse Norden
Bankleitzahl: 72121000   Konto: 5000000
BIC: BYLADEMING   IBAN: DE43721210005000000

119

Büro tech
Ihr Büroausstatter

Büro tech, Musterstr. 1, 50226 Frechen

Kanzlei
Dr. Holms & Watzon
Bäckerstr. 112 b
80333 München

Telefon:	02234/123456
Fax:	0800/10001 (gebührenfrei)
E-Mail	info@buerotech.de
USt.-ID.-Nr.	DE123789123
Steuernummer:	123/123456
Zollnummer:	456789

Vert.	Frist not.		KR/ KtA	Mdt.:
RA	**EINGEGANGEN**			Kennt- isn.
SB	13. Februar			Zahl- ung
Rück- spr.	Dr. Holms & Watzon Rechtsanwälte			Rück- spr.
zdA				Stell- ungn.

RECHNUNG

Bei Zahlung/Rückfragen unbedingt angeben.

Kunden-Nr.	Rechnungs-Nr.	Datum	Unsere Auftragsnummer
1072456	9000753102015	11.02.	98765431

Ihre Bestellung vom	Ihre Bestelldaten	Ihr Zeichen	Lieferschein-Nr.	Blatt
09.01.	Frau Müller			1

Menge	Anzahl-Nr. /Bezeichnung	Preis/VE	EUR
1 ST	**427770013** Großraum-Hängeregistratur LIGHT BLUE 2-bahnig mit 4 Schubladen Maße in mm: B 800 T 622 H 1355 lichtblau/light blue Lieferdatum entspricht Bestelldatum.	385,00 EUR/1ST	385,00
	Summe Positionen		385,00
	Mehrwertsteuer 19%		73,15
	Endbetrag		**458,15**

Es gelten unsere AGB, die Sie unter Büro tech.de einsehen oder telefonisch anfordern können. Hinweis gem. § 33 BDSG Kundendaten werden gespeichert.

Büro tech GmbH
Musterstrasse 1
50226 Frechen
buerotech.de

Telefon
02234/123456
Telefax
02234/123455

Geschäftsführer
Heinz Muster
Ralf Muster
Günter Muster
HRB Frechen 7888

Frechener Bank
BLZ: 50270011
Konto: 17171717
IBAN: DE 34 5027 0011 1717171700
BIC: FRELUMMER

Raum für Kostenvermerke und Eingangsstempel

Norden

Amtsgericht _____

Vollstreckungsgericht

Musterstr. 5

1002 Norden

Antrag auf Erlass eines Pfändungs- und Überweisungsbeschlusses insbesondere wegen gewöhnlicher Geldforderungen

1

Es wird beantragt, den nachfolgenden Entwurf als Beschluss auf ☑ Pfändung ☑ und ☑ Überweisung zu erlassen.

- ☑ Zugleich wird beantragt, die Zustellung zu vermitteln (☐ mit der Aufforderung nach § 840 der Zivilprozessordnung – ZPO).
- ☐ Die Zustellung wird selbst veranlasst.

Es wird gemäß dem nachfolgenden Entwurf des Beschlusses Antrag gestellt auf

- ☐ Zusammenrechnung mehrerer Arbeitseinkommen (§ 850e Nummer 2 ZPO)
- ☐ Zusammenrechnung von Arbeitseinkommen und Sozialleistungen (§ 850e Nummer 2a ZPO)
- ☐ Nichtberücksichtigung von Unterhaltsberechtigten (§ 850c Absatz 4 ZPO)
- ☐ _____

Es wird beantragt,

- ☐ Prozesskostenhilfe zu bewilligen
- ☐ Frau Rechtsanwältin / Herrn Rechtsanwalt

_____

beizuordnen.

- ☐ Prozesskostenhilfe wurde gemäß anliegendem Beschluss bewilligt.

Anlagen:

- ☐ Schuldtitel und ____ Vollstreckungsunterlagen
- ☐ Erklärung über die persönlichen und wirtschaftlichen Verhältnisse nebst ____ Belegen
- ☐ _____

- ☐ Verrechnungsscheck für Gerichtskosten
- ☐ Gerichtskostenstempler

- ☐ Ich drucke nur die ausgefüllten Seiten

(Bezeichnung der Seiten) aus und reiche diese dem Gericht ein.

Datum (Unterschrift Antragsteller /-in)

Hinweis:
Soweit für den Antrag eine zweckmäßige Eintragungsmöglichkeit in diesem Formular nicht besteht, können ein geeignetes Freifeld sowie Anlagen genutzt werden.

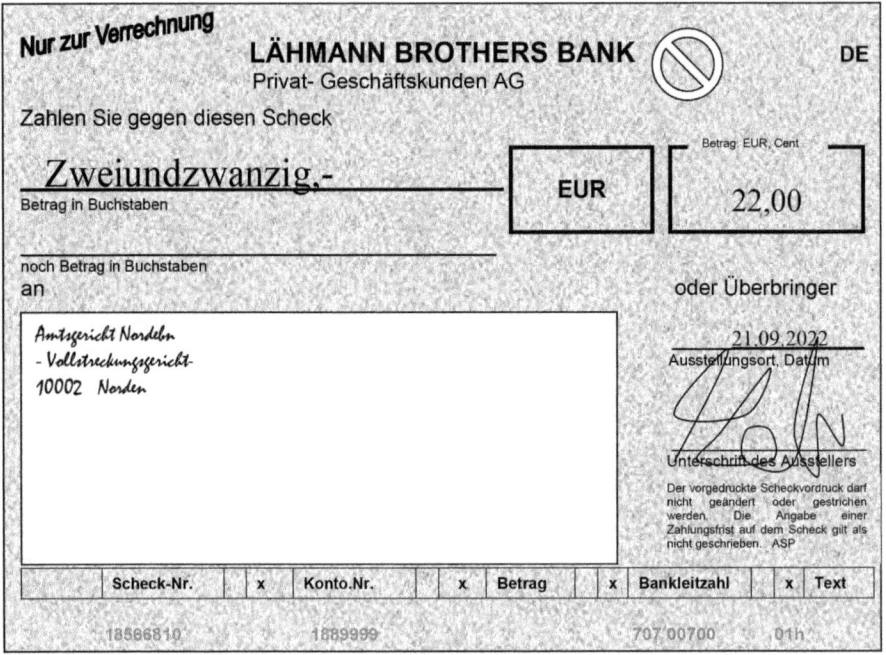

Nur zur Verrechnung

LÄHMANN BROTHERS BANK
Privat- Geschäftskunden AG

DE

Zahlen Sie gegen diesen Scheck

Zweiundzwanzig,-

Betrag in Buchstaben

Betrag: EUR, Cent

EUR

22,00

noch Betrag in Buchstaben
an

oder Überbringer

Amtsgericht Norden
- Vollstreckungsgericht-
10002 Norden

21.09.2022
Ausstellungsort, Datum

Unterschrift des Ausstellers

Der vorgedruckte Scheckvordruck darf
nicht geändert oder gestrichen
werden. Die Angabe einer
Zahlungsfrist auf dem Scheck gilt als
nicht geschrieben. ASP

Scheck-Nr.	x	Konto.Nr.	x	Betrag	x	Bankleitzahl	x	Text
18586810		1889999				707 00700		01h

Bitte dieses Feld nicht beschriften und nicht bestempeln.

Bürohengst GmbH

```
Geschäftsführer Herbert Hengst
Musterweg 11    80333 München
Tel. 089 / 2000-0 Fax 089 / 2000-99
UST-Id DE 123456789

Beleg 631237 Kasse 06A Erdgeschoß
Datum 06.03.  Zeit:  9:23

                              EURO
24320    1 PG à 3,00          3,00
Trennstreifen, blau
32165    1 Stk                2,99
Register, plastik A4
98754    1 Stk
Ordner bekop                 10,49


***** Summe brutto          16,48
        + 19% MwSt            2,63
****  Summe netto           13,85
Barzahlung                   16,48

LIKE us on FACEBOOL


Vielen Dank für Ihren Einkauf.
Umtausch innerhalb von 8 Tagen gegen
Vorlage des Originalbeleges.
```

ERDE

Elektro Handelsges. mbh im EZB
Musterstr. 6
81737 München
089 / 6273000

4112820
Acer.E5-771G
Notebook   799,00 EUR
100.23567
CD Music Imagine Drageons   19,99 EUR
105.223694
CD Music Mark Knopfler   19,99 EUR
600.122456
Haarfön 8233/00   39,99 EUR

Total EUR   878,97 EUR

** Kundenbeleg **
ERDE Elektro
Handels GmbH
Musterstr. 6
81737 München

Datum: 14.03.   12:03 Uhr
Beleg-Nr.   9532
Trace-Nr.   15576

************Kartenzahlung girocard **************

Nr.   ###############3360 0004
VU-Nr.   09090909
Genehmigungs-Nr.   655997
Terminal ID   65422441
Pos-Info   00 065 00
AS-Zeit 14.03.   12:03 Uhr

Betrag EUR   878,97 EUR

Zahlung erfolgt
Bitte Beleg aufbewahren

GIROCARD (PORTIGON)   878,97 EUR

incl. 19,00 % MwSt   140,34 EUR
Netto-Warenwert: 738,63 EUR

Vielen Dank für Ihren Einkauf

DE 161222277706

AIR COLOGNE

Kanzlei Dr. Holms & Watzon
z.Hd. Herrn Dr. Holms
Bäckerstr. 112b
80333 München

Buchungsdetails
Rechnungsnummer 1400082577/1
Buchungsnummer 8MOEUA
Buchungsdatum 07.01.
Passagiere
1 MR Sigbert Holms, Dr.
745-2335581126 / HOLMS/SIGBERT/DR.
MR

BUCHUNGSBESTÄTIGUNG und RECHNUNG

Fluginformationen
STRECKE DATUM FLUGZEITEN FLUG
Munich - Cologne/Bonn 17.01. 08:10 - 09:25 AB 6112,W
Operated by Air Cologne
Cologne/Bonn - Munich 19.01. 08:30 - 09:35 AB 6115,E
Operated by Air Cologne

Flugtarif	19%	7,00 EUR
Steuern und Gebühren	19%	35,00 EUR
Treibstoff- und Sicherheitszuschlag	19%	17,86 EUR
Luftverkehrsteuer	19%	47,37 EUR
Sonstige Gebühren	19%	11,01 EUR

Leistungen
BESCHREIBUNG WÄHRUNG STEUERSATZ BETRAG
745-8205389571/SEATING/HOLMS/SIGBERT/DR./ MR
MUC-CGN / 09D SEATING
CGN-MUC / 09D SEATING

Zusammenfassung
BESCHREIBUNG WÄHRUNG BETRAG

nicht der USt. unterliegender Betrag	0,00 EUR
umsatzsteuerpflichtiger Betrag	118,24 EUR
Umsatzsteuer 19%	22,46 EUR
RECHNUNGSBETRAG	**140,70 EUR**

Es gelten die Allgemeinen Beförderungsbedingungen der aircologne group, die unter
www.aircologne.com einzusehen sind und auf Nachfrage jederzeit am Ticketschalter
erhältlich sind.

Bitte beachten Sie, dass alle Flugzeiten in dieser Bestätigung in der jeweiligen Ortszeit angegeben sind

Köln Handelsregistereintragung AG Köln HRB: 23373 B, USt-ID-Nr. / VAT No. DE 136662780
Gläubigeridentifikationsnummer DE31YYY0000000121212, Persönlich haftende Gesellschafterin (PHG)
AIR COLOGNE (Aktiengesellschaft englischen Rechts) Eingetragen in England: Companies House, No. 1231024
Eingetragener Firmensitz The Musterstreet, Rickmansworth,
Hertfordshire WD3 1ER Köln Zweigniederlassung
Chairman of the Board Dr. Hennes Ziegenbock
Kölner Hausbank AG BLZ 100 400 00, Konto 217 808 500,
BIC COBADEBBXXX IBAN DE52100400000217808500
Air COLOGNE. Luftverkehrs KG, Musterstr. 42-43, 50331 Köln

Bei der Air Cologne group fliegen Sie ticketlos.Ihre Daten sind unter Ihrer Buchungsnummer am Check-In gespeichert. Bitte bringen Sie für alle Reiseteilnehmer einen amtlichen gültigen Lichtbildausweis mit. Bitte beachten Sie die aktuellen Handgepäckbestimmungen. Es gelten unsere allgemeinen Geschäfts- und Beförderungsbedingungen, für Flüge von/nach USA und Kanada gelten besondere Geschäfts- und Beförderungsbedingungen. Sie finden die allgemeinen und besonderen Bedingungen im Internet unter: www.Air Cologne.com/abb bzw. www.flyniki.com. Air Cologne PLC & Co. Luftverkehrs KG. USt-ID-Nr.: DE 123455555 (DE grenzüberschreitend). Sucursal en España, Gran Via Asima 6B-1°C, E-07010 Palma de Mallorca. C.I.F. W-00111842192E (ES). Bei Rückfragen steht Ihnen unser Service-Team unter 49 (0) 221 123123123 rund um die Uhr zur Verfügung. Wir bedanken uns für Ihre Buchung und wünschen Ihnen einen angenehmen Aufenthalt an Bord der Air Cologne und NIKI. Bitte beachten Sie die für Ihre Staatsangehörigkeit aktuell gültigen Einreise- und Aufenthaltsbestimmungen. Wir weisen darauf hin, dass Sie bei einer Ablehnung der Einreise die anfallenden Kosten (Rückbeförderung in das Abflug- oder Heimatland, Verwaltungsgebühren etc.) zu tragen haben. Führen Sie Ihre Rechnung und Buchungsbestätigung bitte auf der Reise mit sich. Bei Fehlen des Dokumentes kann eine Ein- bzw. Ausreise verweigert werden. In einigen Staaten muss bei der Einreise eine kostenpflichtige Einreisekarte erworben werden. Nähere Informationen hierzu können bei den diplomatischen Vertretungen des Ziellandes angefordert werden. Ausführliche Informationen zu den Tarifen finden Sie unter www.Air Cologne.com/yourfare. Es gelten stets die Check-in Meldeschlusszeiten der ausführenden Fluggesellschaft, im Internet einzusehen unter: www.Air Cologne.com/meldeschlusszeit. Bitte bringen Sie diese vor ihrem Abflug in Erfahrung Bitte beachten Sie: Sollte Ihr Flug/ einer Ihrer Flüge von einem Air Cologne Airline Partner operiert werden, können Sie die hierbei geltenden besonderen Allgemeinen Beförderungsbedingungen unseres Partners auf dessen Website einsehen oder unter www.Air Cologne.com/codeshare finden. Sitzplatz: Auf Flügen mit Zwischenlandung und gleichbleibender Flugnummer kann es auf den inländischen Strecken zu einer freien Sitzplatzwahl kommen. Sitzplatzreservierungen gelten vorbehaltlich einer Umwandlung in ähnliche Plätze im Falle von Flugplanänderungen. Es gelten die Allgemeinen Beförderungsbedingungen der Air Cologne group, die unter www.Air Cologne.com einzusehen sind und auf Nachfrage jederzeit am Ticketschalter erhältlich sind.

Vielen Dank für Ihre Buchung bei Air Cologne & NIKI
Bitte beachten Sie die folgenden Hinweise zu Ihrer Buchung.
Wir wünschen Ihnen eine angenehme Reise mit Air Cologne & NIKI!
Fragen und Antworten rund um Air Cologne & NIKI finden Sie hier: www.Air Cologne.com/faq
Sie haben Fragen rund um das Unterhaltungsprogramm während Ihres Air Cologne Fluges? Sie finden alle Informtionen unter www.Air Cologne.com/entertainment
Wussten Sie schon, dass Sie auf unseren mobilen Seiten alle Informationen rund um Air Cologne finden und sogar einfach einchecken können? www.Air Cologne.com/eservices
Informieren Sie sich rechtzeitig über den Status Ihres Fluges. www.Air Cologne.com/abfluege
Denken Sie rechtzeitig an alle notwendigen Reisevorbereitungen wie z. B. Einreisebestimmungen www.Air Cologne.com/reiseservice Informationen rund um Reisegepäck und zu den aktuellen Sicherheitsrichtlinien
finden Sie unter www.Air Cologne.com/gepaeck
Unter www.Air Cologne.com/familie finden Sie wertvolle Informationen und Hinweise rund um Ihre Familienreise.
Noch nicht das richtige Hotel gefunden? HRO hilft Ihnen dabei! www.Air Cologne.com/hotel
Mietwagen gesucht? Unsere Mietwagenpartner Europcar und Sixt halten für Sie den richtigen Mietwagen am Flughafen bereit. www.Air Cologne.com/mietwagen
Alle Informationen rund um Ihre Buchung erhalten Sie unter www.Air Cologne.com/meinebuchung. Hier können Sie außerdem ein Gourmetessen vorbestellen, ihren Wunschsitzplatz reservieren oder zusätzliches Gepäck sowie ihre vierbeinigen Reisebegleiter anmelden.

Köln Handelsregistereintragung AG Köln HRB: 23373 B, USt-ID-Nr. / VAT No. DE 136662780
Gläubigeridentifikationsnummer DE31YYY0000000121212, Persönlich haftende Gesellschafterin (PHG)
AIR COLOGNE (Aktiengesellschaft englischen Rechts) Eingetragen in England: Companies House, No. 1231024
Eingetragener Firmensitz The Musterstreet, Rickmansworth,
Hertfordshire WD3 1ER Köln Zweigniederlassung
Chairman of the Board Dr. Hennes Ziegenbock
Kölner Hausbank AG BLZ 100 400 00, Konto 217 808 500,
BIC COBADEBBXXX IBAN DE52100400000217808500
Air COLOGNE. Luftverkehrs KG, Musterstr 42-43, 50331 Köln

Vert.	Frist not.		KR/ KfA	Mdt.:
RA	**EINGEGANGEN**			Kennt - isn.
SB	**23. Mai**			Zahl- ung
Rück- spr.	Dr. Holms & Watzon Rechtsanwälte			Rück- spr.
zdA				Stell- ungn.

Arbeitsgericht Norden

43 Ca 3250/1

Niederschrift

über die öffentliche Sitzung in Norden [neues Gebäude]
am Mittwoch, 21.05.

Gegenwärtig: Travolta, Richter am Arbeitsgericht
Rouke, Angestellte,
Urkundsbeamtin der Geschäftsstelle

In dem Rechtsstreit

Mustermann Josef, geb. 06.06.1966, Staatsangehörigkeit: deutsch, Musterstrasse 1, 81671
München

- Kläger-

Prozessbevollmächtigte
Rechtsanwälte Dr. Holms & Watzon, Bäckerstrasse 112b, 80333 München

gegen

Musterfirma GmbH
vertreten durch den Geschäftsführer Dirk Mustermann, Musterstrasse 12, 10002 Norden
- Beklagte -

Prozessbevollmächtigte
Rechtsanwältin Cordula Hexe, Besenstr. 11, 10002 Norden

erscheinen bei Aufruf·
1.   für die Klägerin   niemand
2.   für die Beklagte   niemand

43 Ca 3250/15

Es wird festgestellt, dass folgender Vergleich zustande kommt:

1. Die Parteien sind sich darüber einig, dass das Arbeitsverhältnis aufgrund der ordentlichen betriebsbedingten Kündigung der Beklagten vom 20.03. zum 30. Juni beendet wird.

2. Zum Ausgleich für den Verlust des Arbeitsplatzes und die Aufgabe des sozialen Besitzstandes erhält die Klägerin entsprechend §§9, 10 KSchG eine Abfindung in Höhe von

   EURO 13.332,00 (i.W.: Dreizehntausenddreihundertzweiunddreißig EURO) brutto,

   die mit der Gehaltsabrechnung für den Kalendermonat Juni fällig ist. Der Anspruch auf Abfindung ist bereits mit dieser Vereinbarung entstanden und vererbbar, fällig jedoch erst mit Ablauf des **30.06.**

Der Vorsitzende verkündet folgenden

Beschluss:

Der Streitwert wird auf EURO 42.243,30 festgesetzt.

Sitzungsende: 13:38 Uhr

Travolta   Rouke

Hotel und Begegnungsstätte
zur Goldenen Ganns

Goldene Ganns – Musterallee 23 – 80789 München

Kanzlei
Dr. Holms & Watzon
Bäckestr. 112 b
80333 München

Rechnung Nr. 15/00128 München, 18.12.

Sehr geehrter Herr Watzon,

für Ihre Veranstaltung in unserem kleinen Salon dürfen wir Ihnen folgende Rechnung
überlassen:

Buchungsnummer: GG 12-23

Menge	Leistung	Einzelpreis	Summe
	Folgendes Menü wurde bestellt:		
12	Tagessuppe	8,90	106,80
12	Salatbuffett	5,20	62,40
12	á la Carte vereinbarter Einzelpreis	14,50	174,00
12	Creme brúlett	5,80	69,60
	Getränke erfolgen mit gesondertem Beleg		
	Total		**412,80**

Zahlungsziel bis zum 28.12.

Enthaltende Mehrwertsteuer:

MwSt-Satz	Nettobetrag EUR	Mehrwertsteuer EUR	Bruttobetrag EUR
0,00%	0,00	0,00	0,00
19,00%	346,89	65,90	412,80

Wir bedanken uns für Ihre Buchung und hoffen, dass Sie einen angenehmen Aufenthalt in
unserem Haus hatten.

Maria und Axel Ganns

Hotel Goldene Ganns Musterallee 23 80789 München – Deutschland
Tel.+49 (0)89 1231456 / Fax +49 (0)89 123457 / E.Mail: hotel@goldene-ganns.eu
Inhaber: Maria und Axel Ganns,
UNIDUCK München BLZ: 50270011, Konto: 8888888 IBAN: DE 34 5027 0011 8888888 00 BIC: FRELUMMER
USt-ID 123/456/789

Hotel und Begegnungsstätte zur Goldenen Ganns

Goldene Ganns – Musterallee 23 – 80789 München

Kanzlei
Dr. Holms & Watzon
Bäckestr. 112 b
80333 München

Rechnung Nr. 15/00129   München, 18.12.

Sehr geehrter Herr Watzon,

an Getränken und Service dürfen wir Ihnen folgende Rechnung überlassen:

Buchungsnummer: GG 12-23

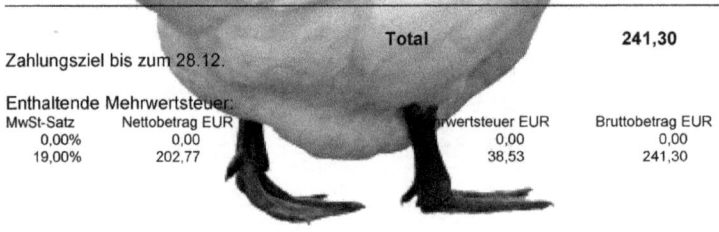

Menge	Leistung	Einzelpreis	Summe
2	Tassen Tee	2,50	5,00
6	Cola Weißbier	3,80	22,80
10	Cola 0,5l	3,60	36,00
9	Cola, light 0,5l	3,60	32,40
13	Wasser, 0,5l	2,80	36,40
26	Helle 0,5l	3,30	85,80
12	Schnaps / Likör (aufs Haus)	0,00	0,00
8	Espresso	1,90	15,20
2	Cappuccino	2,80	5,60
1	Espresso macciato	2,10	2,10

               Total   **241,30**

Zahlungsziel bis zum 28.12.

Enthaltende Mehrwertsteuer:

MwSt-Satz	Nettobetrag EUR	Mehrwertsteuer EUR	Bruttobetrag EUR
0,00%	0,00	0,00	0,00
19,00%	202,77	38,53	241,30

Wir bedanken uns für Ihre Buchung und hoffen, dass Sie einen angenehmen Aufenthalt in unserem Haus hatten.

       Maria und Axel Ganns

Hotel Goldene Ganns Musterallee 23 80789 München – Deutschland
Tel.+49 (0)89 1231456 / Fax +49 (0)89 123457 / E.Mail: hotel@goldene-ganns.eu
Inhaber: Maria und Axel Ganns,
UNIDUCK München BLZ: 50270011, Konto: 8888888 IBAN: DE 34 5027 0011 8888888 00 BIC: FRELUMMER
USt-ID 123/456/789

Beleg-Nr. 36

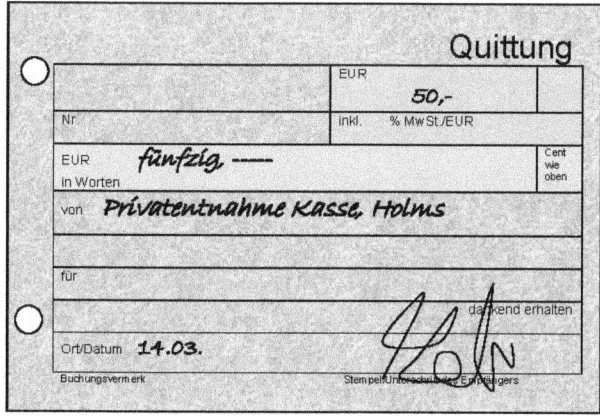

Beleg-Nr. 37

```
ROWO GmbH
Geschäftsführer: Rolf Wolters
Musterstr. 130
80803 München
Tel: 089 / 1123456 Fax: 089 11234567

CARTA NEVADA
Procecco          A          8,88 EUR

CARTA LA MUERTO
Prosecco          A          9,24 EUR

CARTA BIANCO
Prosecco          A          7,36 EUR
---------------------------------------
Summe                       25,48 EUR
=======================================
Geg. BAR                    26,00 EUR
Rückgeld BAR                 0,52 EUR

---------------------------------------
MWST 19,00 % A      4,06 EUR
         A = 19,00 %
Netto 21,42 EUR, Brutto    25,48 EUR

10.04.                  17:25:54
Term.-ID: 710158655           2
Vorg.Nr.:   25BELEG:01/666/01
Betrag             25,48 EUR
***************************************
       Noch keine PAYBACK Karte?
              Schade!

   Für diesen Einkauf hätten Sie 6 Punkte
              erhalten!

   Gleich hier am ROWO Service Punkt im
       Markt anmelden oder auf
           www.rowo.de/payback
***************************************
            Für Sie da:
     Mo – Sa 7:00 bis 20:00 Uhr
   Sie haben Fragen? Antworten gibt es unter
             www.rowo.de
```

Martina Glückauf
Gerichtsvollzieherin

am Amtsgericht
Norden

Freistaat
NORDPOL

Büroanschrift	Musterstr. 8
	10002 Norden

Gerichtsvollzieherin Glückauf
Musterstrasse 8, 10002 Norden

Sprechzeiten: Di. 15-17 + Di 10-12 Uhr
U18 Station Feenzauber

Kanzlei
Dr. Holms &
Watzon
Bäckerstr. 112b
80333 München

Vert.	Frist not.		KR/ KfA	Mdt.:
RA	**EINGEGANGEN**		Kennt - Isn.
SB	**29. Januar**		Zahl- ung
Rück- spr.	**Dr. Holms & Watzon** Rechtsanwälte		Rück- spr.
zdA			Stell- ungn.

Telefon:	08001/99699602
Telefax:	08001/99699603
Mobil:	
EMail:	GVin-Glückauf@web.de
Dienstkonto:	5000000
Bankleitzahl:	72121000
Bankname:	Elfenkasse Norden
BIC:	BYLADEMING
IBAN:	DE43721210005000000

Verfahren: Mustermann Josef, Musterstr. 12, 81671 München
vertreten durch: Kanzlei Dr. Holms & Watzon, Bäckerstrasse 112b, 80333 München

gegen: **Mustermann Maria,**
Musterstr 1, 10002 Norden

Titel: vorl. Zahlungsverbot d. Gläubiger aus München vom 20.01. (Az. 511 F
1999/15) zugest. am

München, am
26.01.

Ihr Zeichen:
666/15 WA/sa

Mein Zeichen (bitte angeben)
23 DR II 631/15

Sehr geehrte Damen und Herren,

anliegend erhalten Sie d. vorl. Zahlungsverbot des Gläubigers aus München (666/15 WA/sa) nach
erfolgter Zustellung zurück.

```
Kostenrechnung
(KV-Nr. = Kostenverzeichnis-Nr. des GVKostG)
----------------------------------------------
Post-Zustellung 2x               6,00 EUR
Doku.Pausch. f.                  2,50 EUR
Porto f. Postzust. 2x            6,90 EUR
Auslagenpauschale                3,00 EUR
----------------------------------------------
     SUMME                      18,40 EUR
==============================================
```

Ich bitte um Überweisung innerhalb von 2 Wochen auf mein o. Dienstkonto.
Kostenschuldner ist: Mustermann Josef, 81671 München
Gegen den Kostenansatz ist gem. § 5 Abs. 2 GvKostG der formlose Erinnerung beim Amtsgericht Norden oder beim Gerichtsvollzieher möglich.

Mit freundlichen Grüßen

Dieses Schreiben wurde mit ADV erstellt
und ist ohne Unterschrift gültig.

Glückauf
Gerichtsvollzieherin

JUNGE DRESDNER

Versicherung

| JUNGE DRESDNER | 24 Stunden, 7 Tage |
| Versicherung AG | die Woche erreichbar |

Service Center
Musterstr. 300, 01067 Dresden

Tel. 0800 / 321654978*   transparent
Fax: 0351 / 101010**   unkompliziert
                             kompetent
                             dynamisch

*gebührenfreie Rufnummer
** 9ct/Min, max 42ct/Min dt. Mobilfunknetz

Kanzlei
Dr. Holms & Watzon
Bäckerstr. 112 b

80333 München

Unser Zeichen (Bitte bei Zuschriften stets angeben)   Datum
FD05 – HG.SV 747123789.6-00380   11.02.

Ihre Gewerbe-Haftpflichtversicherung JD/HV-SV 74712389.6-380
Ihr Antrag vom 23.01.
Rechnungs-Nr. 87495

Sehr geehrte Damen und Herren,

vielen Dank für das uns entgegengebrachte Vertrauen. Heute erhalten Sie die Vertragsunterlagen.

Der Beitrag für die Zeit
vom 01.02. bis 01.02. beträgt   159,88 EUR
zuzüglich Versicherungssteuer (19,00%)   30,38 EUR

Gesamtbetrag   **190,26 EUR**

Wir bitten um Überweisung des Gesamtbetrages auf unser Konto.

Bewerten Sie Ihren Vermittler innerhalb der nächsten 30 Tage unter www.jungedresdner.de/feedback.
Melden Sie sich mit Ihrer Versicherungsnummer. Sie können Points für Verständlichkeit,
Freundlichkeit, Kompetenz und Engagement vergeben.

Bei Fragen rufen Sie uns einfach an – wir sind gerne für Sie da.

Mit freundlichen Grüßen

Ihr Service Center

Junge Dresdner Versicherung AG	Hausanschrift:	Bankverbindung
Vorsitzender Aufsichtsrat: Dr. Arno Funke	Junge Dresdner Versicherung AG	UNIDuck Bank
Vorstand: Dagobert Diedrich	Musterstr. 300	BLZ: 100 100 20
Sitz: Dresden	01067 Dresden	Kto. 43600123
Amtsgericht Dresden HRB 1234564300123		IBAN DE67 1001 0020 000
St-ID DE81321654, VersSt-Nr. 91456987		BIC UNDUXXMMDR412

NORD Tankstelle
B.B. GmbH
Richard-Strauss-Str. 69
81679 München
Tel: 089 / 945577 Fax: 089 945578

```
*        42,53 Liter
         Säulennummer 2
* Diesel        A        49,29 EUR
1,159 EUR/Liter
```

ACHTUNG: Jetzt Treuepunkte sammeln
und beim Gewinnspiel mitmachen. – Es
lohnt sich!

```
Kartenzahlung       EC CARD
Karte:     XXXXX 8683 0 10/15
09.01.                11:52:36
Term.-ID: 710156555          2
Vorg.Nr.:   25BELEG:01/3666/01
Betrag:             49,29 EUR
Zahlung erfolgt.
```

TOTAL   **49,29 EUR**

```
MWST 19,00 % A        7,86 EUR
Netto 41,42 EUR, Brutto   49,29 EUR
```

09.01., 11:55 NORD Tankstellen Team
VIELEN DANK!
GUTE FAHRT
Unsere Waschstrasse ist täglich geöffnet von
12 bis 18 Uhr.

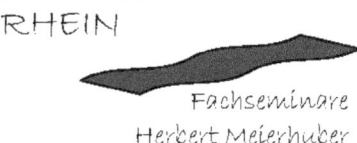

RHEIN

Fachseminare
Herbert Meierhuber

Rhein Fachseminare Herbert Meierhuber, Musterstr. 12, 50321 Köln

Kanzlei
Dr. Holms & Watzon
Bäckerstr. 112b
80333 München

Datum:	15.03.
Kundennummer:	238564
Rechnungsnummer:	5145

RECHNUNG Nr. 5145

Seminar	**Gesamt/EUR**
RVG Spezial m. H.A. Schulz Teilnehmer: Frau Gisela Müller am 20.03.	210,00 EUR

	Nettobetrag	210,00 EUR
	Steuersatz 19%	39,90 EUR
	Gesamt	**249,90 EUR**

Wir bitten um Überweisung des Gesamtbetrages auf unser Konto.

Bei Fragen rufen Sie uns einfach an – wir sind gerne für Sie da. Oder besuchen Sie uns auf fakebook.de.

Mit freundlichen Grüßen

Herbert Meierhuber
Rhein Fachseminare

Postanschrift:	Rhein Fachseminare, Musterstr. 151, 50321 Köln
Konto:	IBAN DE80808007778080, BIC: PINKPANTER
Identnummern:	Steuernummern: 205/77777/77, USt-IdNr.: DE 12345678

Rechtsanwälte
Dr. Holms & Watzon

Kanzlei für
Mietrecht
Arbeitsrecht
Familienrecht

Kanzlei Dr. Holms & Watzon . Bäckerstr. 112b . 80333 München

Frau
Maria Mustermann
Musterstr. 1
80333 München

Dr. Sigbert Holms
Fachanwalt für Miet- und Arbeitsrecht

Johannes Watzon
Fachanwalt für Familienrecht Mediator

Bäckerstrasse 112b
80333 München

Tel. +49 (0)89 70070070
Fax +49 (0)89 70070071

info@dr.holmsundwatzon.de
www.holmsundwatzon.de

Mustermann ./. Mustermann
512 F 512/13 Ehescheidung, Folgesache

23.10.
1207/14/WA/MS
d3/1256-14

Sehr geehrte Frau Mustermann,

nachdem die Angelegenheit durch Einigung erledigt wurde, erlauben wir uns, Ihnen nachstehende heutige Liquidation zu übermitteln.

Rechnungs-Nr. 14005124

Gegenstandswert: 8.716,00 EUR

1,3 Verfahrensgebühr Nr. 3100 VV RVG	725,40 EUR
1,5 Einigungsgebühr § 13 RVG, Nr. 1000 VV RVG	837,00 EUR
Zwischensumme Gebührenposition	1.562,40 EUR
Pauschale für Post und Telekommunikation Nr. 7002 VV RVG	20,00 EUR
Zwischensumme netto	1.582,40 EUR
19% Umsatzsteuer Nr. 7008 VV RVG	300,65 EUR
Zwischensumme brutto	1.883,05 EUR
Gebührenguthaben Aktenkonto (600,00 EUR zzgl. 19% Ust. 114,00 EUR)	- 714,00 EUR
zu zahlender Betrag	1.169,05 EUR

Im Zuge der Rechnungsstellung wurde(n) folgende vereinnahmte Teil-/Vorschussrechnung (en) verrechnet.
Rg-Nr. 14000057 vom 13.03.2014 über 357,00 EUR Nettobetrag 300,00 EUR zzgl. 19% USt. 57,00 EUR
Rg-Nr. 14000226 vom 05.09.2014 über 357,00 EUR Nettobetrag 300,00 EUR zzgl. 19% USt. 57,00 EUR

Wir bitten um Überweisung des Rechnungsbetrages auf unser Kanzleikonto.

Mit freundlichen Grüßen

Dr. Sigbert Holms
Rechtsanwalt

USt-IDNr. 149/199/19996
Konto: IBAN DE70 7007 00 1889999 00
BIC: DEUTDEBUNTE

Beleg-Nr. 43

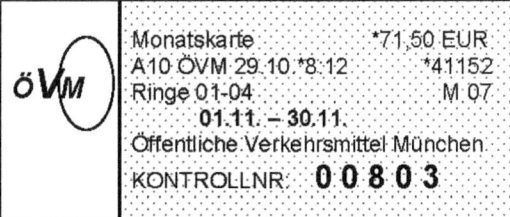

Beleg-Nr. 44

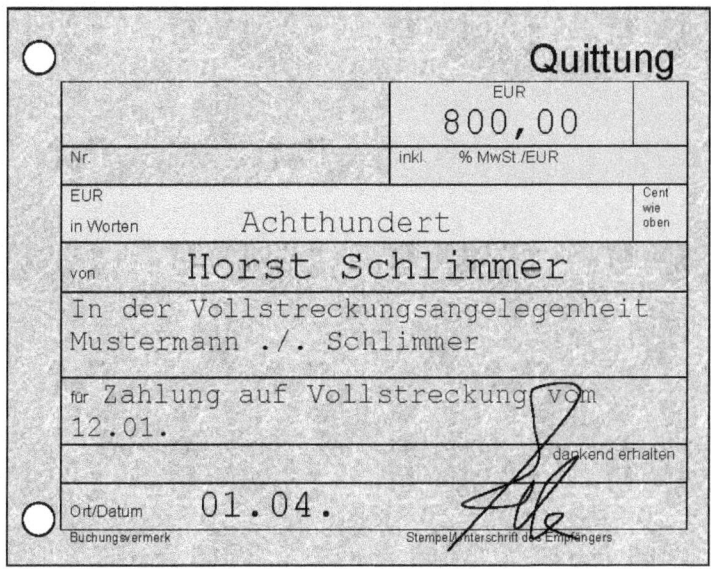

Dat dicke Trömmelche

Kölsche Speisen und Getränke
Kleines Brauhaus
Musterstr. 10
D-81671 München
089/1234569

Datum: 14.03.   Zeit: 23:48

Rechnung Nr. 25 Tisch 06/02

Veronica

48x	Kölsch 0,2 l	a 1,80	86,40 (1)
12x	Schuss 0,2 l	a 1,80	14,60 (1)
1 x	Himmel un Äd		10,50 (1)
1 x	Klatschkies met Quallmänner		9,80 (1)
3 x	Soorbrode	a 12,90	38,70 (1)
1 x	Kölscher Kaviar		8,90 (1)
10x	Schabau 0,4cl	a 2,80	28,00 (1)
	aus eigener Schnapsbrennerei 0,4cl		

„Hey Kölle - Du bes e Jeföhl"

====================================

SUMME EUR   197,10 €

entält 19,00% (1) MwSt   31,46 €
Netto-Warenwert   165,63 €

St. ID Nr.: 146/508/101010

„Nä, nä, Marie, es dat hee schön!"

====================================

Bewirtungsaufwand-Angaben
(Par. 4 Abs. 5 Ziff. 2 EStG)

Bewirtete Personen:

Max Mustermann, Ella
Mustermann, Hubert Kah,
Holms, Watzon

Anlass der Bewirtung:

Geschäftsessen, wegen
weiterer Kooperation
und Zusammenarbeit

Höhe der Aufwendungen:

225,-

b. Bewirtg. im Restaurant

----

in anderen Fällen:

München, 14.03.

Ort   Datum

FREELANCER AUTOMOBIL FINANCIAL SERVICES

Herrn
Johannes Watzon
Bäckerstr. 112 b
80333 München

Zeichen	Kundenbetreuung
Telefon	089 123456 - 100
Telefax	089 123456 – 120
Datum	19.09.
Thema	**Bestätigung Darlehensvertrag**

Bitte immer angeben!   312056978

Finanzierung

Kundenname   **Watzon, Johannes**

Sehr geehrter Herr Watzon,

für Ihr entgegengebrachtes Vertrauen bedanken wir uns. Sie haben mit uns einen kompetenten Partner für Finanzdienstleistung gewählt. Gerne bestätigen wir Ihnen Zahlungsplan gemäß Darlehensantrag wie folgt:

35 Raten je	EUR	309,00	ab 05.10.
1 Schlußrate	EUR	25.677,00	

Das von Ihnen am 10.09. unterschriebene Mandat hat die eindeutige Mandatsreferenz CF **312056978**. Diese wird Ihnen auf Ihrem Kontoauszug zusammen mit der Gläubigeridentifikationsnummer der FREELANCER Bank GmbH ausgewiesen. Anhand dieser Daten können Sie die in Zukunft durchgeführte Transaktion mit dem von Ihnen erstellten Mandat abgleichen.

Sollten Sie Fragen heben, stehen wir Ihnen gerne zur Verfügung.

Mit freundlichen Grüßen
Ihre Kundenbetreuung der FREELANCER Bank GmbH

Dieses Schreiben wurde maschinell erstellt und trägt somit keine Unterschrift.

Von Anfang an der richtige Partner. Im Internet unter: www.freelancer.de

Firma
Freelancer Automobil
Service GmbH

Postanschrift
Musterstr. 6
80333 München

BIC
FREEDBLMUC

Bankleitzahl
70020299

Telefon
089123456
Telefax
0891234568

E-Mail
freelancer@bank.de

Geschäftsführer
Reinhold Messer
Carlo Messer
Richi Messer

Sitz und
Registergericht
München HRB 123456

FREELANCER
Automobil Financial
Services ist eine
Geschäftsbezeichnung
der FREELANCER
Bank GmbH

FREELANCER
USt.ID 109/180/55300

Münchener **Anwalts**Forum e.V.

80333 München
Musterstr. 92/III
Telefon 089 5511234
Telefax 089 5511235

www.muenchener.anwaltsforum.de
anwalt@muencheneranwaltsforum.de

St.-Nr.: 146/180/987654
VR-Nr. 4502 AG Nordholm

Kanzlei
Dr. Holms & Watzon
Herrn Dr. Holms
Bäckerstr. 112 b
80333 München

MITGLIEDSBEITRAG   03. Januar
Mitgliednr.: 1004
Rechnungsnr. 666-99

Sehr geehrter Herr Rechtsanwalt Dr. Holms,

bitte überweisen Sie Ihren Mitgliedsbeitrag unter Angabe der Beitragsnummer auf folgendes
Konto: UNIDuckBank, Konto 43600123, BLZ 100 100 20.

Sie haben die Möglichkeit die beigefügte Einzugsermächtigung ausgefüllt an uns zur senden.

Zahljahr	Beitragsnummer	Einstelldatum	Betrag
laufend	16671	03.01.	233,00 €
		Gesamtsaldo	**233,00 €**

Die Begleichung des Mitgliedsbeitrages möchten Sie bitte demnächst veranlassen.

Etwaige Änderungen Ihrer Stammdaten teilen Sie uns bitte über das entsprechende
Formular im Mitgliedsbereich auf unserer Homepage mit.

Mit freundlichen Grüßen

RA Dodlek
Geschäftsführer

Bankverbindung
UNIDuck Bank
BLZ: 100 100 20
Kto. 43600123
IBAN DE67 1001 0020 000
BIC UNDUXXMMDR412

AUSTRIA Tankstelle
C. Austria GmbH
Muster-Str. 70
A-6020 Innsbruck
Tel: 0512/23658 Fax: 0512/ 236510

```
*           38,46 Liter
            Säulennummer 8
* Diesel        A        43,80 EUR
1,139 EUR/Liter
```

Achtung:
Schon gehört? Rubbellos kaufen und
einen Skipass zum großen Alpineren-
nen am Gletscher mit V.I.P. Garantie
gewinnen.

```
Kartenzahlung          EC Card
Karte:    XXXXX 8683 0 10/15
16.03.                 16:05:42
Term.-ID: 621                  2
Vorg.Nr.:   25Beleg:03/1236/03
Betrag:              43,80 EUR
Zahlung erfolgt.
```

Total   43,80 EUR

```
USt 20,00 % A            7,30 EUR
Netto 36,50 EUR, Brutto  43,80 EUR
```

16.03., 16:05
AUSTRIA Tankstellen Team
Vielen Dank!
Gute Fahrt
Besuchen Sie unsere Waschstrasse am
Inntal-Pass, nähe Deutsche Grenze.

URANUS
HOTELS

URANUS HOTEL BIELFELD CITY

URANUS HOTEL BIELFELD CITY Musterstr. 33a 33602 Bielefeld

Kanzlei
Dr. Holms & Watzon
Bäckestr. 112 b
80333 München

Rechnung Nr. 44634   Seite 1   Bielefeld, 20.10.

Zimmer: 224   Anreise: 19.10.   Abreise: 20.10.   Gast: Herr Dr. Holms
Buchungsnummer; PL 10123456

Menge	Leistung	Einzelpreis	Summe
1	Logis Holms Sigbert #224	57,00	57,00
1	Frühstück Holms Sigbert	17,00	17,00
1	EUR-/BAR Holms	- 74,00	0,00
	Total		**74,00**
	Zahlung		- 74,00
	offener Betrag		0,00

Zahlungsziel bis zum 27.10.
offener Betrag 0,00€

Enthaltende Mehrwertsteuer:

MwSt-Satz	Nettobetrag EUR	Mehrwertsteuer EUR	Bruttobetrag EUR
0,00%	0,00	0,00	0,00
7,00%	53,27	3,73	57,00
19,00%	14,29	2,71	17,00

Wir danken Ihnen für Ihren Besuch und würden uns freuen, Sie in naher Zukunft wieder in einem unserer Häuser begrüßen zu dürfen.

Claudia Wünsch

URANUS HOTEL BIELFELD CITY Musterstr. 33a 33602 Bielefeld – Deutschland
Tel.+49 521 1231456 / Fax +49 521 123457 / E.Mail: bielefeld@uranus-hotels.com / Uranus.com

Uranus Hotels GmbH	Geschäftsführer	Bank Bielefeld
Musterstrasse 33a	Claudia Wünsch	BLZ: 50270011
33602 Bielefeld	Bertold Muster	Konto: 8888888
	Felix Muster	IBAN: DE 34 5027 0011 8888888 00
	HRB Bielefeld 1234	BIC: FRELUMMER

YILDIRIM
Übersetzungsbüro

Genc Yildirim

öffentlich bestellter und
beeidigter Dolmetscher
und Übersetzer für Türkisch

Musterstr. 31
80331 München

Tel. +49 (0)89 123 456 789
Fax +49 (0)89 123 456 788

yildirim@uebersetzung.de
ww.uebersetzungsbüro,de

**Als allgemein beeidigter
Dolmetscher
bin ich auch tätig,
im Rahmen von:**

*Gerichtsverhandlungen

*polizeilichen und
staatsanwaltschaftlichen
Vernehmungen

*notariellen Urkunden

*Mandantenbesprechungen
bei Rechtsanwälten

*medizinisch-psychologischen
Untersuchungen

*Eheschließungen und
anderen behördlichen
Angelegenheiten

Bankverbindung
Münchner Bank
BLZ 700 700 22
Konto 123456789

IBAN:
DE0947007002200123456789
BIC: BUNTEDEYYXX
Steuernummer
148/180/123456

GencYildirim. Musterstrasse 31. 80331 München

Kanzlei
Dr. Holms & Watzon
Bäckerstr. 112 b
80333 München

München, den 06.03.

**Übersetzung aus dem Türkischen ins Deutsche
Gerichtsverhandlung vom 20.02.
Öztürk ./. Öztürk**

Sehr geehrter Herr Dr. Holms,

zunächst möchte ich mich für den erteilten Auftrag und die
angenehme Zusammenarbeit bedanken. Im Rahmen meiner
Tätigkeit als Dolmetscher, erlaube ich mir in Rechnung zu
stellen.

Honorarrechnung Nr. 1/3-202449

2,5 Std. zu je 85,00 EUR	212,50 EUR
+ 19% MwSt.	40,37 EUR
Rechnungsbetrag	**252,87 EUR**

Ich bitte um Überweisung des Rechnungsbetrages auf mein
Geschäftskonto.

Mit verbindlichen Grüßen

Genc Yildirim

JUNGE DRESDNER

Versicherung

JUNGE DRESDNER Versicherung AG	24 Stunden, 7 Tage die Woche erreichbar
Service Center Musterstr. 300, 01067 Dresden	
Tel. 0800 / 321654978* Fax: 0351 / 101010**	transparent unkompliziert kompetent dynamisch

*gebührenfreie Rufnummer
** 9ct/Min, max 42ct/Min dt. Mobilfunknetz

Kanzlei
Dr. Holms & Watzon
Bäckerstr. 112 b

80333 München

Unser Zeichen (Bitte bei Zuschriften stets angeben)
BU012 – BUZ.V 800/123.6-00380

Datum
31.12.

Ihre Berufsunfähigkeitsversicherung BU012 – BUZ.V 800/123.6-00380
Ihr Antrag vom 01.11. (Dr. Holms)
Rechnungsnr. 380-654

Sehr geehrte Damen und Herren,

vielen Dank für das uns entgegengebrachte Vertrauen. Heute erhalten Sie die Vertragsunterlagen.

Der Beitrag für die Zeit
vom 01.01. bis 31.12. beträgt   600,00 EUR
zuzüglich Versicherungssteuer (19,00%)   114,00 EUR

Gesamtbetrag   **714,00 EUR**

Wir bitten um Überweisung des Gesamtbetrages auf unser Konto.

Bewerten Sie Ihren Vermittler innerhalb der nächsten 30 Tage unter www.jungedresdner.de/feedback.
Melden Sie sich mit Ihrer Versicherungsnummer. Sie können Points für Verständlichkeit,
Freundlichkeit, Kompetenz und Engagement vergeben.

Bei Fragen rufen Sie uns einfach an – wir sind gerne für Sie da.

Mit freundlichen Grüßen

Ihr Service Center

Junge Dresdner Versicherung AG	**Hausanschrift:**	**Bankverbindung**
Vorsitzender Aufsichtsrat: Dr. Arno Funke	Junge Dresdner Versicherung AG	UNIDuck Bank
Vorstand: Dagobert Diedrich	Musterstr. 300	BLZ: 100 100 20
Sitz: Dresden	01067 Dresden	Kto. 43600123
Amtsgericht Dresden HRB 1234564300123		IBAN DE67 1001 0020 000
St-ID DE81321654, VersSt-Nr. 91456987		BIC UNDUXXMMDR412

Ambiente Stuhlsysteme

Ambiente Stuhlysteme

Otto Wolf
Musterstr. 87
80333 München

Telefon
089123456
Telefax
0891234568

ambiente@wohnen.de
www.ambiente-stuhlsysteme.de

BLZ 70020299
Kontonr 12345600
Münchner Bank

BIC: DEDUBMUC
IBAN: DE70 202 99 12345600

USt.ID 109/180/55300

Ambiente Stuhlsysteme . Musterstr. 87 . 80333 München

Kanzlei
Dr. Holms & Watzon
Bäckerstr. 112 b

80333 München

Rechnung Nr. 47869
München, 04.06.

Kauf Bürostuhl, Modell: ORTHO
Cover : Polyestergewebe (sehr robust mit atmungsaktiven Lüftungsöffnungen)
Farbe: Schwarz
Sitzbreite: 50 cm, Sitztiefe: 50 cm
Sitzhöhe: 43-60 cm (stufenlos höhenverstellbar durch Gasheber)
Gesamthöhe: 111-123 cm
Fußkreuz: Verchromtes Fußkreuz
Rollen: 5 x lastabhängig gebremste 50 mm Doppelrollen (inklusive)
Maximal Belastbar: Bis 120 kg
Gewicht: 23 kg (ohne Verpackung)
Gewährleistung: 2 Jahre

Empfohlen für tägliches Sitzen von 8 bis 12 Stunden.

Preis	1.326,00 €
	1.326,00 €
zzgl. 19% MwSt	251,94 €
Rechnungsbetrag	**1.577,94 €**

Zahlbar innerhalb von 10 Tagen ohne Abzug.

Wir freuen uns, dass Sie sich für unsere Stuhlsysteme entschieden haben.

Mit freundlichen Grüßen
Otto Wolf
Geschäftsführer

145

Villa Kunterbunt

**Geschenke und Feinkost
aller Art**

Musterstrasse 121
85579 Neubiberg
Tel: 089 60199123

Dat. 20.12. SAM

2 x Leeflaschen (1)
                2,95 EUR   5,90 EUR
2 x Essig Feinkost (2)
                3,45 EUR   6,90 EUR
2 x Öl (2)
                2,25 EUR   4,50 EUR

ZW-Summe   17,30 EUR
MWST1   0,94 EUR
MWST2   0,75 EUR
Gesamt   18,99 EUR

BAR   50,00 EUR
RÜCKGELD   31,01 EUR

UST-ID: DE17891011

Bed. 03   Nr. 0001000
Zeit: 13:43   0000

Kanzlei Dr. Holms & Watzon . Bäckerstr. 112b . 80333 München

Herrn
Max Mustermann
Musterstr. 1
80333 München

Rechtsanwälte
Dr. Holms & Watzon

Kanzlei für
Mietrecht
Arbeitsrecht
Familienrecht

Dr. Sigbert Holms
Fachanwalt für Miet- und Arbeitsrecht

Johannes Watzon
Fachanwalt für Familienrecht Mediator

Bäckerstrasse 112b
80333 München

Tel. +49 (0)89 70070070
Fax +49 (0)89 70070071

Info@dr.holmsundwatzon.de
www.holmsundwatzon.de

Mustermann ./. Mustermann
Verfahren vor dem AG München, AZ: 339 C 1030/10
Schaden-Nr. 7-10-0142365-12

18.03.
325/14/HO/MS
d3/392-15

Sehr geehrter Herr Mustermann,

wir erlauben uns, Ihnen nachstehende heutige Liquidation zu übermitteln.

Rechnungs-Nr. 1500313

Gegenstandswert: 2.801,54 EUR

1,3 Verfahrensgebühr Nr. 3100 VV RVG	288,60 EUR
1,2 Terminsgebühr Nr. 3104 VV RVG	266,40 EUR
Zwischensumme Gebührenposition	555,00 EUR
Pauschale für Post und Telekommunikation Nr. 7002 VV RVG	20,00 EUR
Zwischensumme netto	575,00 EUR
19% Umsatzsteuer Nr. 7008 VV RVG	109,25 EUR
zu zahlender Betrag	684,25 EUR

USt-IDNr. 149/199/19996
Konto: IBAN DE70 7007 00 1889999 00
BIC: DEUTDEBUNTE

Hinzu kommen noch die Kosten der außergerichtlichen Vertretung:

Gegenstandswert: 1.831,75 EUR

0,65 Geschäftsgebühr Nr. 2300 VV RVG	107,90 EUR
Zwischensumme Gebührenposition	107,90 EUR
Pauschale für Post und Telekommunikation Nr. 7002 VV RVG	20,00 EUR
Zwischensumme netto	127,90 EUR
19% Umsatzsteuer Nr. 7008 VV RVG	24,30 EUR
zu zahlender Betrag	**152,20 EUR**

Verauslagte Gerichtskosten für Klage	**294,00 EUR**
Von Ihnen zu erstattende Gesamtkosten	**1.130,45 EUR**

Wir bitten um Überweisung des Rechnungsbetrages auf unser Kanzleikonto.

Mit freundlichen Grüßen

Dr. Sigbert Holms
Rechtsanwalt

USt-IDNr. 149/199/19996
Konto: IBAN DE70 7007 00 1889999 00
BIC: DEUTDEBUNTE

UCH
KING-ONLINE
Die Datenbank

VERLAG ELSE KING, POSTF. 123456, 33544 BIELEFELD

RECHNUNG

Bei Zahlung bitte unbedingt angeben
Referenz: 4061234702

Kanzlei
Dr. Holms & Watzon
Bäckerstr. 112 b
80333 München

Kundennummer	1003123654
Belegnummer:	00428945
Datum:	02.02.
Ihr Ansprechpartner:	Frau Antonia Ziffer
Telefon:	+49(0)5241 60-12
Fax:	+49(0)5241 60-11
E-Mail:	antonia.ziffer@verlag.de

Menge	Titel	Preis		Versand-kosten	Gesamtpreis in EUR	MwSt. Satz %
1	**Recht & Wirtschaft** Büro-Berater King online	7,00	7,00		7,00	19,00
1	**INotZ Isar Notare** Zeitschrift King online	7,00	7,00		7,00	19,00
1	**BM, Börsenmitteilungen** Zeitschrift King online	7,00	7,00		7,00	19,00

Betrag ohne MwSt	MwSt.-Satz	MwSt.-Betrag	Summe ohne Abzug
21,00 EUR	19,0%	3,99 EUR	24,99 EUR

Eigentumsvorbehalt bis zu vollständigen Bezahlung.
Reklamationen innerhalb von 8 Tagen

Zahlbar nach Erhalt der Rechnung

Verlag Else King
Musterstr. 30, 53617 Bielefeld
www.elseking-verlag.de
Geschäftsführer: Else King

Zahlung bitte an:
IBAN: DE08 00123 456 789
BIC: PINGPANTERXXX

Amtsgericht Bielefeld
HRB 123456
Ust.-ID: DE123456
Steuer-Nr. 340/123456

Rechtsanwälte
Dr. Holms & Watzon

Dr. Holms & Watzon

Kanzlei Dr. Holms & Watzon . Bäckerstr. 112b . 80333 München

Herrn
Kollegen
Patrick Jane
Musterstr. 60
10003 Norden

Kanzlei für
Mietrecht
Arbeitsrecht
Familienrecht

Dr. Sigbert Holms
Fachanwalt für Miet- und Arbeitsrecht

Johannes Watzon
Fachanwalt für Familienrecht Mediator

Bäckerstrasse 112b
80333 München

Tel. +49 (0)89 70070070
Fax +49 (0)89 70070071

info@dr.holmsundwatzon.de
www.holmsundwatzon.de

20.03.
340/15/WA/MS
d3/563-15

Mustermann ./. Mustermann
Ehescheidung
Untervollmacht und Vertretung vor dem AG München, AZ: 540 F 910/15

Sehr geehrter Herr Kollege Jane,

wie mit Ihnen besprochen, erlauben wir uns Ihnen unsere Liquidation für die Vertretung in der Scheidungsangelegenheit Mustermann zu übermitteln:

Rechnungs-Nr. 1500498

Gegenstandswert: 25.800,00 EUR

0,65 Verfahrensgebühr Nr. 3100, 3400 VV RVG	620,75 EUR
1,2 Terminsgebühr Nr. 3104, 3402 VV RVG	1.146,60 EUR
Zwischensumme Gebührenposition	1.766,75 EUR
Pauschale für Post und Telekommunikation Nr. 7002 VV RVG	20,00 EUR
Zwischensumme netto	1.786,75 EUR
19% Umsatzsteuer Nr. 7008 VV RVG	339,48 EUR
zu zahlender Betrag	2.126,23 EUR

Wir bitten um Überweisung des Rechnungsbetrages auf unser Kanzleikonto.

Mit freundlichen Grüßen

Dr. Sigbert Holms
Rechtsanwalt

USt-IDNr. 149/199/19996
Konto: IBAN DE70 7007 00 1889999 00
BIC: DEUTDEBUNTE

**Rechtsanwälte
Dr. Holms & Watzon**

Kanzlei Dr. Holms & Watzon . Bäckerstr. 112b . 80333 München

Kanzlei
Dr. Hubert Kah
Musterstr. 4
80333 München

Kanzlei für
Mietrecht
Arbeitsrecht
Familienrecht

Dr. Sigbert Holms
Fachanwalt für Miet- und Arbeitsrecht

Johannes Watzon
Fachanwalt für Familienrecht Mediator

Bäckerstrasse 112b
80333 München

Tel. +49 (0)89 70070070
Fax +49 (0)89 70070071

info@dr.holmsundwatzon
www.holmsundwatzon.de

25.03.
416/14/HO/MS
d3/1536-15

Mustermann ./. Mustermann

Sehr geehrter Herr Kollege Dr. Kah,

nachdem uns zwischenzeitlich zugesandten Kostenfestsetzungsbeschluss des Amtsgerichts Norden, Az.: 5 C 47/15, vom 23.03., sind die von Ihrem Mandanten an unsere Mandantin zu erstattenden Kosten auf EUR 1.320,54 zuzüglich 5%-Punkten über dem Basiszinssatz seit dem 15.01. festgesetzt worden. Zur Vermeidung von Zwangsvollstreckungsmaßnahmen bitten wir um Überweisung auf folgendes Konto:

Kanzlei Dr. Holms & Watzon
Konto: IBAN DE70 7007 00 1889999 00
BIC: DEUTDEBUNTE

Wir bitten um Zahlungsvermittlung bis zum 10.04.

Mit freundlichen Grüßen

Dr. Sigbert Holms
Rechtsanwalt

USt-IDNr. 149/199/19996
Konto: IBAN DE70 7007 00 1889999 00
BIC: DEUTDEBUNTE

Beleg-Nr. 59

```
            Schreibfix
     Inhaberin Maria Müller

Musterweg 11   80333 München
Tel. 089 / 2199-0 Fax 089 / 2199-99
UST-Id DE 123456789

                        EURO
270294    2 ST à 1,45    2,90
BLEISTIFTE HERZ/B1

270295    1 ST à 2,30    2,30
KUGELSCHREIBER

Beleg 0000080 Kasse 25A EG
Datum 19.08.  Zeit: 16:40
***** Summe brutto      5,20
          + 19% MwSt    0,83
****   Summe netto      4,37
Barzahlung              5,20

Ware technisch und optisch
einwandfrei übernommen.


     ..................................
     Unterschrift Kunde

Vielen Dank für Ihren Einkauf.
Umtausch innerhalb von 8 Tagen
gegen Vorlage des Originalbeleges.
```

Beleg-Nr. 60

Pille

Die Apotheke der Stadt

Musterallee 25 81673 München

Tel. 089 / 451123 Fax 089 / 4513269

UST-Id DE 123456789

0 123456 789012

	EURO
Aspirin 30er Pack	22,98 V
Beleg 0000165 Kasse A297	
Datum 16.09. Zeit: 8:02	
***** Summe brutto	22,98
V = 19% MwSt	3,66
**** Summe netto	19,31
Barzahlung	25,00
Rückgeld	2,02

Es beriet Sie Herr Schlemmer

Danke für Ihren Besuch!

Auf Wiedersehen

3.
Lösungsvorschläge Geschäftsvorfälle

1. Kasse 500,00 € an Bank 500,00 €
2. AVK (Reisekosten) 1,60 € an Kasse 1,60 €
3. AVK 13,00 € und Vorsteuer 2,47 € an Bank 15,47 €
4. AVK 242,99 € und Vorsteuer 17,01 € an Bank 260,00 €
5. Der Vorsteuerabzug setzt voraus, dass ein Unternehmer eine Lieferung oder sonstige Leistung für einen anderen Unternehmer für dessen Unternehmen erbringt und dass eine ordnungsgemäße Rechnung gem. §§ 14, 14a UStG vorliegt. Die Voraussetzungen des § 15 I UStG liegen vor, die Rechnung enthält alle erforderlichen Bestandteile gem. § 14 IV UStG. Der Vorsteuerabzug ist in voller Höhe zulässig. AVK 81,81 € und Vorsteuer 15,54 € an Bank 97,35 €.
6. AVK 40,00 € und Vorsteuer 2,80 € an Bank 42,80 €. NR: 42,80 : 1,07 = 40,00
7. Bank 4.555,32 € an Honorar 3.828,00 und Umsatzsteuer 727,32 €
8. AVK 292,00 an Kasse 292,00 €
9. AVK 12,00 € an Bank 12,00 €
10. Da es sich um eine Kleinbetragsrechnung (unter 250,00 €) handelt, müssen nicht alle Rechnungsbestandteile des § 14 IV UStG enthalten sein. Die Rechnung muss mindestens folgende Angaben enthalten: Namen und Anschrift des leistenden Unternehmers, Ausstellungsdatum, Menge und Art der gelieferten Gegenstände, Bruttobetrag und den anzuwendenden Steuersatz. Die in § 33 UStDV geforderten Mindestangaben sind enthalten. Die Rechnung kann zu 70 % als Betriebsausgabe gebucht werden, wenn die betriebliche Veranlassung nachgewiesen wird, § 4 V Nr. 2 EStG. Der Nachweis der betrieblichen Veranlassung erfolgt durch die Angabe des Ortes, Anlasses, Teilnehmer der Bewirtung und der Angabe der Höhe der Bewirtungskosten. Ferner ist die Unterschrift des Rechtsanwalts erforderlich. Die Rechnung über die Bewirtung ist beizufügen. Die Bewirtungsaufwendungen können i.H.v. 70 % als Betriebsausgaben abgezogen werden. Die ausgewiesene Umsatzsteuer ist in voller Höhe als Betriebsausgaben abzugsfähig.
11. AVK 176,40 € und Vorsteuer 33,52 € an Bank 209,92 €
    NR: 214,20 × 2 % = 4,28; 214,20 − 4,28 = 209,92
    209,92 : 1,19 = 176,40; 209,92 − 176,40 = 33,52
12. AVK 71,98 € und Vorsteuer 10,11 € an Kasse 82,00 €
    (**Hinweis:** aus Trinkgeld ist kein Vorsteuerabzug möglich)
13. Keine Buchung.

    $$\frac{K \times p \times T}{365 \times 100}$$

    $$\frac{3.116,20 \times 4,12 \times 32}{365 \times 100} = 11,26 €\ (\text{NR: Jan. 17 T. + Sep. 15 T. = 32 T.})$$

14. 3.116,20 € + 11,26 € = 3.127,46 €
    Der Mandant muss 3.127,46 € an die Gegenseite überweisen (Bürgerliche Zinsrechnung).

15. Vorgelegte Kosten 723,00 € an Bank 723,00 €.
16. PA 3.510,00 € und Vorsteuer 666,90 € an Bank 4.176,90 €
    AfA: 3.510,00/13 Jahre = jährliche AfA 270,00 € (§§ 7 I, 9b EStG),
    im Jahr der Anschaffung nur anteilige AfA für die Monate der Nutzung Oktober
    bis Dezember (= 3 Monate), Oktober wird mitgerechnet, da Wirtschaftsgut im
    Oktober geliefert wurde (= Zufluss)
    270,00 €/12 *3 = 67,50 € (§ 7 I. S. 4 EStG)
    AfA 67,50 € an PA 67,50 €.
17. Bank 3.189,20 € an EaH 2.680,00 € und Umsatzsteuer 509,20 €
    APG (alt. BWA) 3.397,50 € an PA 2.612,50 €
    NR: 270 : 12 × 2 = 45,00 € im Jahr des Verkaufs
    3.510 € – 67,50 € – 45,00 € = 3.397,50 € Restbuchwert
18. AVK 200,30 € und Vorsteuer 38,06 € an Bank 238,36 €
19. Privat 200,00 € an Kasse 200,00 €
20. AVK 1.847,80 € und Vorsteuer 351,08 € an Bank 2.198,88 €
    (**Hinweis:** die Stühle werden jeweils einzeln bewertet. Die Nebenkosten (Versandkosten und Versandversicherung) gehören mit zu den Anschaffungskosten.
    Der Betrag von 250,00 bzw. 800,00 € pro Wirtschaftsgut (Bürostuhl) wird nicht
    überschritten, so dass alle Bürostühle in den Aufwand gebucht werden.
21. a) Da es sich um eine regelmäßig wiederkehrende Zahlung handelt, bietet sich
    die Einrichtung eines Dauerauftrages an. Auch ein Lastschrifteinzug wäre von
    Vorteil, weil sich die Kanzlei dann nicht monatlich um die Zahlung kümmern
    muss.
    b) Raumkosten 4.900,00 € und Vorsteuer 931,00 € an Bank 5.831,00 €
22. AVK 86,79 € und Vorsteuer 16,49 € an Bank 103,28 €
23. Reisekosten 8,32 € und Vorsteuer 0,58 € an Kasse 8,90 € (NR: 8,90 : 1,07 =
    8,32)
24. a) Bank 595,00 € an Honorar 500,00 € und Umsatzsteuer 95,00 €
    b) Der Vorgang ist bei Zahlungseingang, also im Voranmeldungszeitraum April
    zu erfassen.
    c) Die Vorauszahlung für den VAZ April muss bis zum 10.05. an das Finanzamt
    erfolgen.
    d) Auf Antrag kann das Finanzamt der Kanzlei gestatten, die Frist zur Umsatzsteuer-Voranmeldung und zur Vorauszahlung dauerhaft um einen Monat zu
    verlängern (Dauerfristverlängerung).
    e) Bei Monatszahlern wird die Dauerfristverlängerung von einer Sondervorauszahlung in Höhe von 1/11 der Umsatzsteuer-Vorauszahlungen des Vorjahres
    abhängig gemacht. Der Antrag auf Dauerfristverlängerung und die Sondervorauszahlung müssen bis spätestens zum 10.02. eines Jahres gestellt werden.
25. Raumkosten 28,36 € und Vorsteuer 5,39 € an Bank 33,76 €
26. AVK 100,00 € und Vorsteuer 19,00 € an Bank 119,00 €
27. Bank 112,50 € an vorgelegte Kosten 112,50 € (Mandant hat den GK-Vorschuss
    an uns noch nicht bezahlt) oder alternativ: Bank 112,50 € an Fremdgeld
    112,50 € (Mandant hat den GK-Vorschuss an uns bereits überwiesen)
28. a) Die Kanzlei hat die Möglichkeit, den Aktenschrank linear über die Nutzungsdauer abzuschreiben, einen Sammelposten zu bilden, da die Anschaffungskosten netto über 250,00 € aber nicht über 1.000,00 € liegen oder die Netto-

anschaffungskosten im Zeitpunkt der Anschaffung als Betriebsausgabe zu buchen, da diese 800,00 € nicht übersteigen.

b) Am günstigsten wäre der Sofortabzug als Betriebsausgabe, da hier der Gesamtbetrag der Anschaffungskosten gewinnmindernd abgezogen werden darf.

c) AVK 385,00 € und Vorsteuer 73,15 € an Bank 458,15 €

29. a) Der Aussteller des Schecks hat ein Konto bei der ausstellenden Bank (Bezogene). Der Scheck ist eine Urkunde, die dem Empfänger übermittelt wird. Der Empfänger des Verrechnungsschecks hat ebenfalls ein Konto. Er reicht den Scheck bei seiner Bank ein. Diese schreibt den Scheckbetrag vorläufig gut und legt den Scheck der Bezogenen zur Einlösung vor. Die Bezogene belastet das Konto des Ausstellers, der Scheck wird dem Empfängerkonto endgültig gutgeschrieben.

b) Vorgelegte Kosten 22,00 € an Bank 22,00 €

30. AVK 13,85 € und Vorsteuer 2,63 € an Kasse 16,48 €

31. AVK 671,43 € und Vorsteuer 127,57 € und Privat 79,97 € an Bank 878,97 €
NR: 799,00 : 1,19 = 671,43

32. Reisekosten 118,24 € und Vorsteuer 22,46 € an Bank 140,70 €

33. a) Der Betrag muss auf das Anderkonto der Kanzlei umgebucht werden, wenn er nicht unverzüglich weitergeleitet werden kann oder etwas anderes mit dem Mandanten vereinbart worden ist. Da der Betrag 15.000,00 € nicht überschreitet, ist die Verwahrung auf dem Sammelanderkonto ausreichend.

b) Bank 13.332,00 € an Fremdgeld 13.332,00 €
Anderkonto 13.332,00 € an Bank 13.332,00 €

34. und 35.
Wenn die gem. § 4 V Nr. 2 EStG erforderlichen Angaben gemacht worden sind, dürfen 70 % der Aufwendungen als Betriebsausgabe gewinnmindernd abgezogen werden. Die Umsatzsteuer kann – sofern die vorgenannten Voraussetzungen erfüllt sind – in voller Höhe als Betriebsausgabe geltend gemacht werden. Des Weiteren ist zu prüfen, ob die Voraussetzungen für den Vorsteuerabzug (Leistungen eines Unternehmers an einen anderen Unternehmer, Leistung für das Unternehmen, ordnungsgemäße Rechnung gem. §§ 14, 14a UStG mit allen Rechnungsbestandteilen) vorliegen. Da es sich bei Rechnung Nr. 15/00128 (Beleg Nr. 34) nicht um eine Kleinbetragsrechnung handelt (Bruttobetrag bis 250,00 €), muss diese alle Pflichtinhalte des § 14 Abs. 4 aufweisen. Bei Rechnung Nr. 15/00129 (Beleg Nr. 35) liegt eine Kleinbetragsrechnung vor. Die Rechnung weist die in § 33 UStDV genannten Mindestinhalte auf. Die Zusatzangaben aus dem EStG sind ordnungsgemäß gemacht worden. Unter diesen Voraussetzungen ist der Vorsteuerabzug in voller Höhe (also in Höhe von insgesamt 104,43 €) zulässig.

36. Privat 50,00 € an Kasse 50,00 €

37. a) Es handelt sich um „Geschenke an Geschäftsfreunde", da der Betrag in Höhe von 35,00 € nicht überschritten wird (pro Jahr und Mandant).

b) Wäre der Prosecco für eine Mitarbeiterin gekauft worden, würde es sich um eine sog. Aufmerksamkeit handeln, sofern das Geschenk nicht zu einer ins Gewicht fallenden Bereicherung der Kollegin führen würde, es sich um ein Geschenk anlässlich eines persönlichen Ereignisses handelt, das im gesellschaftlichen Verkehr üblicherweise ausgetauscht wird und das die Wertgrenze von 60,00 € brutto nicht überschreitet. Diese Voraussetzungen wären vorliegend erfüllt. Somit läge kein steuerpflichtiger Arbeitslohn vor.

38. Vorgelegte Kosten 18,40 € an Bank 18,40 €

39. Versicherungen 190,26 € an Bank 190,26 €

40. KFZ-Kosten 41,42 € und Vorsteuer 7,86 € an Kasse 49,29 €

41. AVK 210,00 € (Fortbildungskosten) und Vorsteuer 39,90 € an Bank 249,90 €

42. a) Bank 357,00 € an Honorar 300,00 € und USt. 57,00 € (2 ×)
    b) Bank 999,12 € an Honorar 839,60 € und USt. 159,52 €
    (NR: 1439,60 − 600 = 839,60 × 19 % = 999,12)

43. AVK (Reisekosten) 66,82 € und Vorsteuer 4,68 € an Kasse 71,50
    NR: 71,50 = 107 % = 71,50
    100 % = x
    71,50 × 100
    107 = 66,82
    71,50 − 66,82 = 4,68 €

44. Kasse 800,00 € an Fremdgeld 800,00 €.

45. a) Der Beleg ist auf die Zusatzangaben (Ort, Anlass, Teilnehmer, Höhe der Aufwendungen, Unterschrift des Gastgebers, vom Kellner quittiertes Trinkgeld) zu prüfen. Die Unterschrift des Gastgebers fehlt, außerdem wurde das Trinkgeld vom Kellner nicht quittiert. Es handelt sich um eine Kleinbetragsrechnung, weil die Rechnung den Gesamtbetrag von 250,00 € nicht überschreitet. Die Rechnung muss mindestens folgende Angaben enthalten: Namen und Anschrift des Restaurants, das Ausstellungsdatum, Menge und Art der gelieferten Gegenstände, Bruttobetrag und den anzuwendenden Steuersatz. Die Angaben gem. § 33 UStG sind enthalten. Der Beleg ist wegen der fehlenden Unterschrift des Gastgebers und weil das Trinkgeld vom Kellner nicht quittiert und damit der Nachweis der betrieblichen Veranlassung nicht erbracht wurde, nicht als Betriebsausgabe abzugsfähig und berechtigt daher auch nicht zum Vorsteuerabzug.
    b) AVK (Bewirtung) 135,47 € und Vorsteuer 31,46 € und Privat 58,07 € an Kasse 225,00 €
    (Nettorechnungsbetrag 165,63 + Trinkgeld 27,90 = 193,53 € Nettobewirtungsaufwand inkl. Nebenkosten; hiervon 70 % = 135,47 €)
    (Anm.: Die Vorsteuer aus dem Beleg würde zu 100 % abgezogen; Trinkgelder enthalten keine Steuer und müssten ebenfalls im Verhältnis 70/30 aufgeteilt werden)

46. Darlehen 309,00 € an Bank 309,00 € (35 ×)
    Darlehen 25.677,00 an Bank 25.677,00 € (1 ×)

47. AVK (Beiträge) 233,00 € an Bank 233,00 €

48. Die Rechnung stellt eine betrieblich veranlasste Aufwendung und somit eine Betriebsausgabe dar. Der Vorsteuerabzug setzt voraus, dass der Unternehmer eine Lieferung oder sonstige Leistung für einen anderen Unternehmer für dessen Unternehmen erbracht hat und eine ordnungsgemäße Abrechnung gem. §§ 14, 14a UStG vorliegt, § 15 UStG. Nur wenn diese Voraussetzungen erfüllt sind, ist die gesetzlich geschuldete Steuer als Vorsteuer abziehbar. Da der Beleg der AUSTRIA Tankstelle die österreichische Umsatzsteuer enthält, ist dieser Beleg

nicht zum Vorsteuerabzug geeignet. Die Aufwendungen in Höhe von 43,80 € stellen demnach eine Betriebsausgabe dar, ein Vorsteuerabzug ist jedoch nicht möglich.

49.   AVK (Reisekosten) 67,56 € und Vorsteuer 6,44 € an Bank 74,00 €

50.   AVK 212,50 € und Vorsteuer 40,37 € an Bank 252,87 €

51.   Privat 714,00 € an Bank 714,00 €

52.   Da die Anschaffungskosten des Bürostuhls über 1.000,00 € netto betragen, kommt nur die lineare AfA gem. § 7 I EStG in Frage. Diese berechnet sich wie folgt:

    1.577,94 : 1,19 = 1.326,00 €

    1.326,00 : 13 = 102,00 € jährliche AfA

    Im Jahr der Anschaffung anteilig für 6 Monate = 102 : 2 = 51,00 €

    Kauf:

    Praxisausstattung   1.326,00 €

    und Vorsteuer   251,94 € an Bank 1.577,94 €

    AfA im Jahr der Anschaffung:

    AfA 51,00 € an PA 51,00 €

53.   Personalkosten 17,30 € und Vorsteuer 1,69 € an Kasse 18,99 €

54.   Bank 1.130,45 €   an Honorar   684,25 €

                    und Umsatzsteuer   133,55 €

                    und vorgelegte Kosten   294,00 €

55.   Privat 1.250,00 € an Bank 1.250,00 €

56.   AVK (Fachliteratur) 21,00 € und Vorsteuer 3,99 € an Bank 24,99 €

    (Anmerkung: die online-Ausgaben werden mit dem vollen Umsatzsteuersatz von 19 % berechnet)

57.   Bank 2.126,33 € an Honorar 1.766,75 € und Umsatzsteuer 339,48 €

58.   a) $\dfrac{K \times p \times T}{365 \times 100}$

    $\dfrac{1.320,54 \times 4,12 \times 86}{365 \times 100} = 12,82\,€$

    NR:

    Tage: Januar: 17, 1. Tag wird mitgerechnet,

    Februar: 28, März: 31, April: 15 = 86 T.)

    1.320,54 € + 12,827 € = 1.333,36 € (Bürgerliche Zinsrechnung)

    b) Bank 1.333,36 € an Fremdgeld 1.333,36 € (Bürgerliche Zinsrechnung)

59.   AVK 4,37 € und Vorsteuer 0,83 € an Kasse 5,20 €

60.   AVK 19,31 € und Vorsteuer 3,66 € an Kasse 22,98 €

Teil 3
Übungsklausuren
mit Lösungsvorschlägen

Im 3. Teil dieses Buches können Sie nun Ihr Wissen unter Prüfungsbedingungen testen. Die Klausuren enthalten teilweise Aufgaben, die zusammen mit einem Beleg gelöst werden müssen. Den Beleg finden Sie nach den jeweiligen Übungsklausuren. Bitte achten Sie genau auf die Aufgabenstellung.

1.
Übungsklausur I

(Bearbeitungszeit: 20 Minuten – dies kann – je nach OLG-Bezirk – variieren, da dies von den Entscheidungen der Aufgaben- bzw. Prüfungsausschüsse abhängt)

Sie arbeiten als Rechtsanwaltsfachangestellte in der Kanzlei Dr. Holms und Watzon und übernehmen dort die Belegverarbeitung. Die Kanzlei ist Unternehmer im Sinne des UStG., versteuert nach vereinnahmten Entgelten, ermittelt ihren Gewinn nach § 4 III EStG durch Einnahmen-Überschuss-Rechnung und gibt monatlich Umsatzsteuervoranmeldungen ab.

Aufgabe 1: Von der Münchner Farbkleckserei Druck & Verlag GmbH wurden diverse Design-Arbeiten übernommen. Sie erhalten Sie die Rechnung Nr. 768921 vom 12.11. über einen Gesamtbetrag in Höhe von 4.765,95 € (**Beleg Nr. I**). Prüfen Sie, ob der Vorsteuerabzug aus der Rechnung zulässig ist.

Aufgabe 2: Der Mandant Ernest Mustermann lässt sich von Rechtsanwalt Dr. Watzon am 17.06. beraten und zahlt für die Erstberatung einen Betrag in Höhe von brutto 226,10 € bar (**Beleg Nr. II**). Buchen Sie den Zahlungseingang.

Aufgabe 3: Sie erhalten für Übersetzungsleistungen die Rechnung von Frau Simone Englisch vom 20.11., Nr. 2014003 über 110,00 € (**Beleg Nr. III**). Sie überweisen den Rechnungsbetrag vom Bankkonto der Kanzlei.

Aufgabe 4: Rechtsanwalt Dr. Holms möchte von Ihnen wissen, welche bargeldlose Zahlungsart sich am besten für die Begleichung der monatlichen KFZ-Versicherung eignet. Er übergibt Ihnen hierzu die Rechnung der Junge Dresdner Versicherung vom 19.10., aus der sich der monatliche Zahlungsbetrag in Höhe von 79,29 € ergibt (**Beleg Nr. IV**).

Aufgabe 5: Rechtsanwalt Watzon übergibt Ihnen den Beleg der NORD Tankstelle vom 04.12, Nr. 01/3666/01 über 45,26 € (**Beleg Nr. V**). Der Rechnungsbetrag wird vom Bankkonto der Kanzlei abgebucht.

Aufgabe 6: Auf den Kostenfestsetzungsbeschluss des Amtsgerichts Norden vom 17.11. in Sachen Mustermann ./. Mustermann über 2.094,40 € (**Beleg Nr. VI**) zahlt die Gegenseite einen Betrag in Höhe von 2.118,77 €, der neben dem festgesetzten Betrag auch die Zinsen enthält. Bitte buchen Sie den Zahlungseingang. Offene Honoraransprüche gegen Mandanten bestehen im Zeitpunkt der Zahlung nicht.

Münchener Farbkleckserei Druck & Verlag GmbH, Musterstr. 10, 80333 München

Kanzlei
Dr. Holms & Watzon
z.Hd. Herrn Watzon
Bäckestr. 112b
80333 München

Vert.	Frist not.			KR/ KfA	Mdt.:
RA	EINGEGANGEN				Kennt - isn.
SB	13. November				Zahl- ung
Rück- spr.	Dr. Holms & Watzon Rechtsanwälte				Rück- spr.
zdA					Stell- ungn.

Münchener Farbkleckserei

Druck & Verlag

SATZ
        LAYOUT
DRUCK
WEITERVERARBEITUNG

Münchener Farbkleckserei
Musterstr. 10
80333 München

Tel. +49 89 1234567
Fax +49 89 1234569
E-Mail: info@farbkleckserei.de
Internet: www.farbkleckserei.de

USt.-IdNr. DE 1234556
FA München St.-Nr.
113/123/909090

Nachricht Ihre vom: 01.10., Unser Zeichen: Andreas Muster
München, 12.11.

RECHNUNG Nr. 768921

Gestaltungskosten	Std.	Satz/EUR	Betrag/EUR
Logoentwicklung als Wort-Bildmarke	12	95,00	1.140,00
Design Briefbogen	4	95,00	380,00
Design Visitenkarten	3	95,00	282,00
Umsetzung Briefbogen als Wordvorlage	3	95,00	285,00
Landing page als Übergang	3	95,00	285,00
Gestaltung Stempel	1	95,00	95,00
Weihnachtskarten	4	95,00	380,00
Vorabdruck Visitenkarten, Briefpapier			
Druckabwicklung	2	95,00	190,00
Weiterverarbeitung	3	95,00	285,00
Projektmanagement	8	85,00	680,00
Steuersatz 19%			
Steuerbetrag			760,95
Bruttobetrag			**4.765,95**

==============================

Zahlbar bis 22.11. mit 2% Skonto oder bis 01.12. netto ohne Abzug

Geschäftsführer:
Josef Muster
Sitz der Gesellschaft München
Registergericht München HRB 1000

Stadtbank München
BLZ 750700200 Kto. 10000039
IBAN: DE 75 07002 00001 0000039
SWIFT-BIC: STADBAODER

Beleg-Nr. II

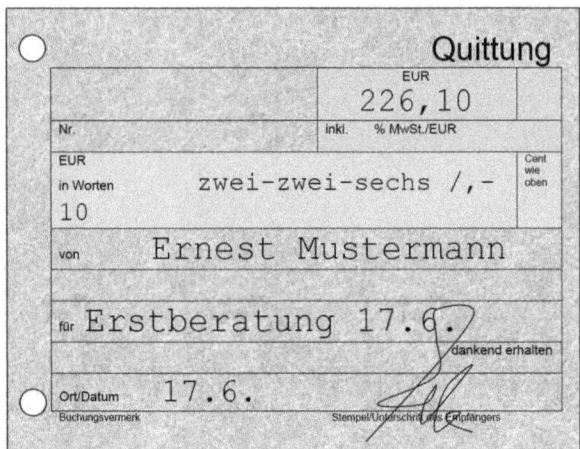

Simone Englisch – Musterstr. 3 – 50858 Köln

Kanzlei
Dr. Holms & Watzon
Herrn Watzon
Bäckerstr. 112 b

80333 München

Rechnung Nr. 2014003   Köln, den 20. November

Rechnung zu Ihrem Übersetzungsauftrag vom 14. November
(Übersetzung des von mir übersetzten Textes an Sie erfolgte per E-Mail am 17.11.)

Übersetzung von 2 Seiten Text „Empfehlung Fachpresse"
vom Deutschen ins Englische (inklusive Recherche in
JUVE Handbuch – deutsche Printausgabe und
englische Online-Version   EUR 110,00

Gesamt   **EUR 110,00**

Es wurde keine Umsatzsteuer ausgewiesen, da ich nach § 19 (1) UStG versteuere
(Kleinunternehmer).

Über eine zeitnahe Überweisung unter Angabe der Rechnungsnummer auf mein unten
stehendes Konto würde ich mich sehr freuen.

Vielen Dank für Ihren Auftrag

s. Englisch

Simone Englisch

Simone Englisch – Kölner Hausbank – BIC: GENKOELSCH1 – IBAN: DE47 3706 0590 000331133

Steuernummer: 223/2033/3697

JUNGE
DRESDNER
Versicherung

JUNGE DRESDNER Versicherung AG	**24 Stunden, 7 Tage die Woche erreichbar**
Service Center Musterstr. 300, 01067 Dresden	
Tel. 0800 / 321654978* Fax: 0351 / 101010**	**transparent unkompliziert kompetent dynamisch**
*gebührenfreie Rufnummer ** 9ct/Min, max 42ct/Min dt. Mobilfunknetz	

Kanzlei
Dr. Holms & Watzon
Bäckerstr. 112 b

80333 München

Unser Zeichen (Bitte bei Zuschriften stets angeben)   Datum
KFZ – SV 6032198.5-00380   19.10.

Ihre KFZ Versicherung KFZ – SV 6032198.5-00380

Sehr geehrte Damen und Herren,

der Beitrag zu Ihrer Versicherung ist fällig, Wir buchen von dem Konto ab, das Sie uns genannt haben.

Mandatsreferenznummer:	MDM555467898.00380
Gläubiger-ID:	DE05ZZZ00001211 Junge Dresdener Versicherung
Kontoinhaber	Dr. Sigbert Holms
IBAN	DE70 7007 00 1889999 00
Kreditinstitut	Deutsche Bunte München
	BIC: DEUTDEBUNTE

Abbuchungsdatum	**Abbuchungsbetrag (EUR)**
01.11.	232,58
Ab dem 01.12. monatlich jeweils zum 01. des Monats	79,29

Fällt der Termin auf ein Wochenende oder einen Feiertag, wird am ersten darauf folgenden Werktag abgebucht.

Bei Fragen rufen Sie uns einfach an – wir sind gerne für Sie da.

Mit freundlichen Grüßen

Junge Dresdner Versicherung

Wolfgang Ammoniak
Bereichsleiter Credit-/Cashmanagement

Junge Dresdner Versicherung AG	**Hausanschrift:**	**Bankverbindung**
Vorsitzender Aufsichtsrat: Dr. Arno Funke	Junge Dresdner Versicherung AG	UNIDuck Bank
Vorstand: Dagobert Diedrich	Musterstr. 300	BLZ: 100 100 20
Sitz: Dresden	01067 Dresden	Kto. 43600123
Amtsgericht Dresden HRB 1234564300123		IBAN DE67 1001 0020 000
St-ID DE81321654, VersSt-Nr. 91456987		BIC UNDUXXMMDR412

NORD Tankstelle
B.B. GmbH
Richard-Strauss-Str. 69
81679 München
Tel: 089 / 945577 Fax: 089 945578

Knoppers	B	0,69 EUR
Fe Küsschen	B	5,79 EUR
*	33,46 Liter	
	Säulennummer 11	
* Diesel	A	38,78 EUR
1,159 EUR/Liter		

ACHTUNG: Jetzt – doppelte
Sammelpunkte bei der Geschirr-
Sammelaktion an Ihrer NORD Tankstelle

Kartenzahlung   EC CARD
Karte: XXXXX 8683 0 10/15
04.12.   15:25:54
Term.-ID: 710156555   2
Vorg.Nr.:   25BELEG:01/3666/01
Betrag: 45,26 EUR
Zahlung erfolgt.

TOTAL   45,26 EUR

MWST 19,00 % A	6,19 EUR
Netto 32,59 EUR, Brutto	38,78 EUR
MWST 7,00% B	0,42 EUR
Netto 6,06 EUR, Brutto	6,48 EUR

04.12, 15:30 NORD Tankstellen Team
VIELEN DANK!
GUTE FAHRT
Unsere Waschstrasse ist täglich geöffnet von
12 bis 18 Uhr.

Vollstreckbare Ausfertigung

Amtsgericht Norden
Abteilung für Familiensachen 5
Az. 511 F 1999/15

Vert.	Frist not.		KR/ KIA	Mdt.:
RA	EINGEGANGEN			Kennt - isn.
SB	21. November			Zahl- ung
Rück- spr.	Dr. Holms & Watzon Rechtsanwälte			Rück- spr.
zdA				Stell- ungn.

In der Familiensache

Mustermann Josef, geb. 06.06.1966, Staatsangehörigkeit: deutsch, Musterstrasse 1, 81671 München
- Antragsteller-

Verfahrensbevollmächtigte
Rechtsanwälte Dr. Holms & Watzon, Bäckerstrasse 112b, 80333 München, Gz.: WA/sa

gegen

Mustermann Maria, geb. Musterfrau, geboren am 24.12.1960, Staatsangehörigkeit: deutsch, Musterstrasse 12, 10002 Norden
- Antragsgegnerin-

wegen einstweiliger Anordnung Kindesunterhalt
Kostenfestsetzung nach § 104 ZPO

ergeht durch das Amtsgericht Norden am 17.11. folgender

Kostenfestsetzungsbeschluss

Die von der Antragsgegnerin an den Antragsteller gem. § 104 ZPO zu erstattende Kosten werden auf

2.094,40 €

(in Worten: zweitausendvierundneunzig 40/100 EUR)

nebst Zinsen in Höhe von 5%-Punkten über dem Basiszinssatz gem. § 247 BGB hieraus seit 08.10. festgesetzt.

Gründe:

Die Berechnung des beantragten Betrages ist gebührenrechtlich nicht zu beanstanden.

Lösungsvorschlag Übungsklausur I

Zu 1.:

Der Vorsteuerabzug ist zulässig, wenn ein Unternehmer eine Lieferung/sonstige Leistung an einen anderen Unternehmer für dessen Unternehmen erbringt und eine ordnungsgemäße Rechnung gem. §§ 14, 14a UStG vorliegt. Die Voraussetzungen sind grundsätzlich erfüllt, allerdings sind nicht alle in § 14 IV UStG genannten Pflichtinhalte der Rechnung angegeben. Der Nettobetrag (das Entgelt) fehlt. Daher ist der Vorsteuerabzug nicht möglich. Die Rechnung ist zu korrigieren.

Zu 2.:

Kasse 226,10 € an Honorar 190,00 € und Umsatzsteuer 36,10 €

(NR: 226,10 € : 1,19 = 190,00 €; 190,00 × 19 % = 36,10 €)

Zu 3.:

AVK (Fremdleistungen) 110,00 € an Bank 110,00 €

(Anmerkung: keine USt wg. Kleinunternehmerregelung gem. § 19 UStG)

Zu 4.:

Am besten geeignet ist der Lastschrifteinzug. Da der Betrag monatlich gleich bleibt, ist auch die Einrichtung eines Dauerauftrages möglich. Der Vorteil der Lastschrift liegt für die Kanzlei darin, dass sie ggf. zurückgerufen werden kann.

Zu 5.:

KFZ-Kosten 32,59 € und Vorsteuer 6,19 € und Privat 6,48 € an Bank 45,26 €

Zu 6.:

Bank 2.118,77 € an Fremdgeld 2.118,77 €

2.
Übungsklausur II

(Bearbeitungszeit 20 Minuten)

Sie arbeiten als Rechtsanwaltsfachangestellte in der Kanzlei Dr. Holms und Watzon und übernehmen dort die Belegverarbeitung. Die Kanzlei ist Unternehmer im Sinne des UStG., versteuert nach vereinnahmten Entgelten, ermittelt ihren Gewinn nach § 4 III EStG durch Einnahmen-Überschuss-Rechnung und gibt monatlich Umsatzsteuervoranmeldungen ab.

Aufgabe 1: Sie kaufen Blumen für Ihre Kollegin Maja Müller, die am 02.01. ihr Baby bekommen hat. Sie erhalten hierfür den Beleg der Blumen Bine vom 07.01. über 35,00 € **(Beleg),** den Sie bar bezahlen.

a) Prüfen Sie, ob der Beleg zum Vorsteuerabzug berechtigt.

b) Liegt bezüglich des zugewendeten Blumenstraußes bei Frau Müller steuerpflichtiger Arbeitslohn vor?

c) Buchen Sie den Beleg.

Aufgabe 2: In dem Rechtsstreit Mustermann ./. Mustermann verzichtet die Gegenseite nach zähen Verhandlungen auf 15 % ihrer Forderung. Nach Abzug der 15 % verbleibt ein zu zahlender Betrag in Höhe von 5.559,00 €. Wie hoch war die ursprüngliche Forderung?

Aufgabe 3: Bitte entscheiden Sie, ob es sich bei den nachstehenden Ausgaben der Rechtsanwälte Dr. Holms und Watzon um Betriebsausgaben handelt:

a) Kauf einer Aktentasche für RA Dr. Holms, Abbuchung vom Bankkonto.

b) Zahlung der Einkommensteuer von RA Watzon vom Kanzleikonto.

c) Erstattung der Krankenkassenbeiträge von Dr. Holms durch Gutschrift auf dem Kanzleikonto.

d) Überweisung der Berufshaftpflichtversicherung vom Bankkonto der Kanzlei.

Aufgabe 4: Rechtsanwalt Watzon kauft eine neue Kaffeemaschine für die Kanzlei. Der Kaufpreis beträgt 2.475,00 €. Durch das Verhandlungsgeschick von RA Watzon konnte dieser einen Preisnachlass von 25 % erreichen. Errechnen Sie den Überweisungsbetrag.

Aufgabe 5: Rechtsanwalt Dr. Holms erzielte im letzten Jahr Honorareinnahmen in Höhe von 100.000,00 € netto zzgl. Umsatzsteuern in Höhe von 19.000,00 €. Im letzten Jahr kaufte er im Januar eine neue Computeranlage (ND 3 Jahre) für die Kanzlei in Höhe von 15.600,00 € netto und zahlte hierfür 2.964,00 € Umsatzsteuer.

a) Wie hoch war die Zahllast im letzten Jahr?

b) Wie wirkt sich der Vorgang auf den Gewinn im letzten Jahr aus?

c) Bitte berechnen Sie auf Grundlage der vorgenannten Zahlung und Ihrer Berechnungen den Gewinn von Dr. Holms.

Blumen Bine

Qualität für die schönen Augenblicke des Lebens.

Name: Herrn Dr. Holms

Straße: Geschenk Maja Müller, zur

Geburt Tochter Linda

Ort:

Datum: 7.1.15

Rechnung / Lieferschein Nr. _____

Artikel	Summe €
Blumen	35,-

Kreissparkasse Kornfeld BLZ 700 515 40 Kto 885588 Ust-ID: DE 127 123 246	Netto 7	
	MwSt. ..... %	
	Endbetrag	35,-

www.BlumenBine.de

Inhaberin: Sabine April
Musterstr. 2, 85247 Kornfeld
Tel. 08138 / 3536 Fax. 08138 / 3537
sabineapril@blumenbine.de

Die Aufbewahrungspflicht für diesen Beleg beträgt gem. § 14b Abs. 1 UstG im
nichtunternehmerischen Bereich zwei Jahre.

Lösungsvorschlag Übungsklausur II

Zu 1.:

a) Da der Gesamtbetrag der Rechnung nicht mehr als 250,00 € beträgt, liegt eine Kleinbetragsrechnung gem. § 33 UStDV vor. Die Rechnung muss mindestens folgende Angaben enthalten: Namen und Anschrift der Blumen Bine, Ausstellungsdatum, Menge und Art der gelieferten Gegenstände, Bruttobetrag und den anzuwendenden Steuersatz. Des Weiteren müssen die Voraussetzungen für den Vorsteuerabzug erfüllt sein: zwei Unternehmer, eine Lieferung für das Unternehmen, eine ordnungsgemäße Rechnung. Alle Voraussetzungen sind erfüllt. Die Rechnung berechtigt zum Vorsteuerabzug.

b) Grundsätzlich ist alles, was dem Arbeitnehmer anlässlich seines Dienstverhältnisses zufließt, Arbeitslohn. Aber in diesem Fall handelt es sich um eine Aufmerksamkeit, die anlässlich eines persönlichen Ereignisses der Arbeitnehmerin (Geburt des Kindes) übergeben wird, die im gesellschaftlichen Verkehr üblich ist und zu keiner ins Gewicht fallenden Bereicherung der Arbeitnehmerin führt. Der Betrag in Höhe von 60,00 € brutto ist ebenfalls nicht überschritten, so dass es sich nicht um steuerpflichtigen Arbeitslohn handelt.

c) AVK 32,71 € und Vorsteuer 2,29 € an Kasse 35,00 €

Berechnung:
$$\frac{107\% = 35,00\,€}{100\% = \qquad x\,€}$$

$$\frac{35,00 \times 100}{107} = 32,71\,€$$

$$32,71\,€ \times 7\% = 2,29\,€$$

Zu 2.:

$$85\% = 5.559,00\,€$$

$$100\% = x\,€$$

$$\frac{5559 \times 100}{85} = 6.540,00\,€$$

Zu 3.:

a) Betriebsausgabe
b) Privatentnahme
c) Privateinlage
d) Betriebsausgabe

Zu 4.:

$$100\% = 2.475,00\,€$$

$$75\% = x\,€$$

$$\frac{2.475,00 \times 75}{100} = 1.856,25$$

Die Kanzlei muss noch 1.856,25 € überweisen.

Zu 5.:

a) 19.000,00 € – 2.964,00 € = 16.036,00 € Zahllast

b) Der Gewinn mindert sich um die gezahlte Umsatzsteuer in Höhe von 2.964,00 € und die AfA. Da die Anlage im Januar angeschafft wurde, ist die Jahres-AfA zugrunde zu legen. Die Anschaffungskosten (ohne USt., § 9b EStG) sind durch die Nutzungsdauer zu teilen (15.600,00 € : 3), somit ergibt sich eine jährliche AfA von 5.200,00 €, die sich gewinnmindernd auswirkt.

c) Einnahmen: 119.000,00 €

abzüglich Ausgaben:	
abziehbare VoSt.	2.964,00 €
Vorauszahlung USt.	16.036,00 €
AfA Computeranlage	5.200,00 €
Gewinn	94.800,00 €

3.
Übungsklausur III

(Bearbeitungszeit: 20 Minuten – dies kann – je nach OLG-Bezirk – variieren, da dies von den Entscheidungen der Aufgaben- bzw. Prüfungsausschüsse abhängt)

Sie arbeiten als Rechtsanwaltsfachangestellte in der Kanzlei Dr. Holms und Watzon und übernehmen dort die Belegverarbeitung. Die Kanzlei ist Unternehmer im Sinne des UStG, versteuert nach vereinnahmten Entgelten, ermitteln ihren Gewinn nach § 4 III EStG durch Einnahmen-Überschuss-Rechnung und gibt monatlich Umsatzsteuervoranmeldungen ab.

Aufgabe 1: Für den Umzug der Kanzlei benötigen 3 Mitarbeiter 5 Tage, wenn sie täglich 8 Stunden arbeiten. Wie viele Mitarbeiter müssen zusätzlich mithelfen, um den Umzug in 4 Tagen mit täglich nur 6 Arbeitsstunden zu schaffen?

Aufgabe 2: Der Verkaufspreis eines Aktenschranks wurde um 10 % reduziert. Da der Aktenschrank auch zu diesem Preis nicht verkauft werden kann, wird der Preis nochmals um 25 % auf 1.215,00 € herabgesetzt. RA Watzon bittet Sie, den ursprünglichen Verkaufspreis zu berechnen.

Aufgabe 3: Dr. Holms übergibt Ihnen die Rechnung der Firma Büro tech vom 15.04. (**Beleg Nr. 3. I**) und bittet Sie um Überprüfung, ob die Anschaffungskosten für den Schreibtischcontainer im Jahr der Anschaffung als Betriebsausgabe abgezogen werden dürfen. Der Schreibtischcontainer hat eine Nutzungsdauer von 13 Jahren.

Aufgabe 4: Rechtsanwalt Dr. Holms hat am 30.09. ein Darlehen mit 453,75 € inkl. 3,75 € Zinsen zurückbezahlt, das ihm am 10.08. desselben Jahres gewährt wurde. Wie hoch war der Zinssatz, den er für das Darlehen bezahlen musste?

Aufgabe 5: Die Kanzlei Dr. Holms & Watzon hat am 21.06. die Rechnung der Rhein Fachseminare Meierhuber über 249,90 € erhalten (**Beleg Nr. 3. II**). Kann aus dieser Rechnung von der Kanzlei Dr. Holms & Watzon die Vorsteuer gezogen werden?

Aufgabe 6: Die Kanzlei Dr. Holms und Watzon hat – passend zu ihren neuen Bürostühlen – einen neuen Konferenztisch gekauft. Die Firma Ambiente Stuhlsysteme stellt hierfür am 28.11. (= Tag der Lieferung) einen Betrag in Höhe von 5.712,00 € in Rechnung (**Beleg Nr. 3. III**). Die Nutzungsdauer des Schreibtisches ist 10 Jahre.

a) Bitte berechnen Sie die Abschreibung im Anschaffungsjahr (linear und ohne Sonder-AfA oder Investitionsabzug).

b) Wie hoch ist der prozentuale Anteil des von Ihnen ermittelten AfA-Betrages für das erste Jahr im Verhältnis zur vollen Jahres-AfA-Rate?

Büro tech

Ihr Büroausstatter

Büro tech, Musterstr. 1, 50226 Frechen

Kanzlei
Dr. Holms & Watzon
Bäckerstr. 112 b
80333 München

Telefon:	02234/123456
Fax:	0800/10001 (gebührenfrei)
E-Mail	info@buerotech.de
USt.-ID.-Nr.	DE123789123
Steuernummer:	123/123456
Zollnummer:	456789

Vert.	Frist not.		KR/ KfA	Mdt.:
RA	**EINGEGANGEN**			Kennt - isn.
SB	**15. April**			Zahl- ung
Rück- spr.	**Dr. Holms & Watzon** Rechtsanwälte			Rück- spr.
zdA				Stell- ungn.

RECHNUNG

Bei Zahlung/Rückfragen unbedingt angeben.

Kunden-Nr.	Rechnungs-Nr.	Datum	Unsere Auftragsnummer
1072456	900084305027-2	15.04.	987654567

Ihre Bestellung vom	Ihre Bestelldaten	Ihr Zeichen	Lieferschein-Nr.
12.04.	Frau Müller		

Blatt
1

Menge	Anzahl-Nr. /Bezeichnung	Preis/VE	EUR
1 ST	**428345019** Rollcontainer für Schreibtisch, Serie lichtblau/light blue B 40cm T 60cm L 60 Lieferung erfolgt am 15.04. entspricht Bestelldatum.	390,00 EUR/1ST	390,00
	Summe Positionen		390,00
	Mehrwertsteuer 19% Endbetrag		74,10 **464,10**

Es gelten unsere AGB, die Sie unter Büro tech.de einsehen oder telefonisch anfordern können. Hinweis gem.
§ 33 BDSG Kundendaten werden gespeichert.

Büro tech GmbH	Telefon	Geschäftsführer	Frechener Bank
Musterstrasse 1	02234/123456	Heinz Muster	BLZ: 50270011
50226 Frechen	Telefax	Ralf Muster	Konto: 17171717
buerotech.de	02234/123455	Günter Muster	IBAN: DE 34 5027 0011 17171717 00
		HRB Frechen 7888	BIC: FRELUMMER

RHEIN
Fachseminare
Meierhuber

Rhein Fachseminare Meierhuber, Musterstr. 12, 50321 Köln

Kanzlei
Dr. Holms & Watzon
Bäckerstr. 112b
80333 München

Datum:	20.06.
Kundennummer:	236564

RECHNUNG
Seminar   **Gesamt/EUR**

RVG Spezial m. H.A. Schulz
Teilnehmer: Frau Gisela Müller
am 20.06.   210,00 EUR

Steuersatz 19%   39,90 EUR

Gesamt   **249,90 EUR**
======================================

Wir bitten um Überweisung des Gesamtbetrages auf unser Konto.

Bei Fragen rufen Sie uns einfach an – wir sind gerne für Sie da. Oder besuchen Sie uns auf fakebook.de.

Mit freundlichen Grüßen

Herbert Meierhuber
Rhein Fachseminare

Postanschrift: Rhein Fachseminare, Musterstr. 151, 50321 Köln
Konto: IBAN DE80808007778080, BIC: PINKPANTER

Ambiente Stuhlsysteme

Ambiente Stuhlsysteme

Otto Wolf
Musterstr. 87
80333 München

Telefon
089123456
Telefax
0891234568

ambiente@wohnen.de
www.ambiente-stuhlsysteme.de

BLZ 70020299
Kontonr 12345600
Münchner Bank

BIC: DEDUBMUC
IBAN: DE70 202 99 12345600

USt.ID 109/180/55300

Ambiente Stuhlsysteme . Musterstr. 87 . 80333 München

Kanzlei
Dr. Holms & Watzon
z.Hd. Herrn Watzon
Bäckerstr. 112 b

80333 München

Rechnung   Nr. 6361
München, 28.11.

Kauf Konferenztisch ENTERPRISE
Farbe: weiß mit Chrome
1 Stück

Gewährleistung: 2 Jahre

Preis	4.800,00 €
	4.800,00 €
zzgl. 19% MwSt	912,00 €
Rechnungsbetrag	**5.712,00 €**

Zahlbar innerhalb von 10 Tagen ohne Abzug.

Wir freuen uns, dass Sie sich für unsere Büromöbelserie ENTERPRISE entschieden haben.

Mit freundlichen Grüßen
Otto Wolf
Geschäftsführer

Lösungsvorschlag Übungsklausur III

Zu 1.:

5 Tage	8 Stunden	3 Mitarbeiter
4 Tage	6 Stunden	x Handwerker

$$\frac{3 \times 5 \times 8}{4 \times 6} = 5 \text{ Mitarbeiter}$$

$$\begin{array}{r} 5 \text{ Mitarbeiter} \\ - \ 3 \text{ Mitarbeiter} \\ \hline 2 \text{ Mitarbeiter} \end{array}$$

Es müssten zusätzlich 2 Mitarbeiter mithelfen, um den Umzug in vier Tagen mit sechs Arbeitsstunden zu schaffen.

Zu 2.:

75 % (jetziger Preis)	=	1.215,00 €
25 %	=	x ?

$$\frac{1.215 \times 25}{75} = 405,00 €$$

1.215,00 € + 405,00 € = 1.620,00 € Preis nach erster Preissenkung

90 %	=	1.620,00 €
100 %	=	x ?

$$\frac{1.620 \times 100}{90} = \textbf{1.800,00 € (ursprünglicher Preis)}$$

Der ursprüngliche Verkaufspreis beträgt 1.800,00 €.

Zu 3.:

Die Nettoanschaffungskosten des Schreibtischcontainers betragen 390,00 € und liegen damit unter 800,00 €. Bei abnutzbaren beweglichen Wirtschaftsgütern können die Anschaffungskosten im Jahr der Anschaffung in voller Höhe als Betriebsausgabe abgezogen werden, wenn sie zu einer selbstständigen Nutzung fähig sind und die Nettoanschaffungskosten 800,00 € nicht übersteigen, § 6 Abs. 2 S. 1 EStG. Da der Schreibtischcontainer diese Tatbestandsmerkmale erfüllt, können seine Anschaffungskosten in voller Höhe als Betriebsausgaben abgezogen werden.

Zu 4.:

10.08. bis 30.09. = 50 Tage; K = 453,75 – 3,75 € = 450,00 €

$$P = \frac{Z \times 100 \times 360}{K \times t} \quad \frac{3,75 \times 100 \times 360}{450 \times 50} = 6\%$$

Der Zinssatz für das Darlehen betrug 6 %.

Zu 5.:

Grundsätzlich muss eine Rechnung alle die in § 14 Abs. 4 UStG genannten Rechnungsbestandteile enthalten, es sei denn, es handelt sich um eine Kleinbetragsrechnung gem. § 33 UStDV. Eine Rechnung, deren Gesamtbetrag 250,00 € nicht überschreitet, ist demnach eine Kleinbetragsrechnung. Hier müssen lediglich folgende Angaben enthalten sein:

1. Vollständiger Name und die vollständige Anschrift des leistenden Unternehmers, (ist angegeben)
2. Das Ausstellungsdatum, (ist angegeben)
3. Die Menge und die Art der gelieferten Gegenstände oder den Umfang und die Art der sonstigen Leistung (ist angegeben) und
4. Das Entgelt und den darauf entfallenden Steuerbetrag für die Lieferung oder sonstige Leistung in einer Summe sowie den anzuwendenden Steuersatz (ist angegeben) oder im Fall einer Steuerbefreiung einen Hinweis darauf, dass für die Lieferung oder sonstige Leistung eine Steuerbefreiung gilt (hier nicht einschlägig).

Da alle in § 33 UStDV genannten Bestandteile enthalten sind, berechtigt die Rechnung der Rhein Fachseminare Meierhuber gem. § 15 Abs. 1 UStG zum Vorsteuerabzug.

Zu 6.:

a) $\frac{\text{Nettoanschaffungskosten}}{\text{Nutzungsdauer}}$ = jährlicher AfA-Betrag

$\frac{4800}{10}$ = 480,00 = jährlicher AfA-Betrag, § 7 Abs. 1 EStG

$\frac{480}{12}$ = 40 = monatlicher AfA-Betrag, § 7 Abs. 1 EStG

40 × 2 (November + Dezember) = **80,00 € AfA im Anschaffungsjahr**

b) 480,00 € = 100 % jährliche AfA-Rate

80,00 € = x % AfA-Rate im Anschaffungsjahr

$\frac{100 \times 80}{480}$ = 16,67 %

Der prozentuale Anteil der Abschreibungsrate im ersten Jahr beträgt 16,67 €.

Stichwortverzeichnis

Stichwortverzeichnis

Stichwortverzeichnis